Libro interactivo del estudiante

miVisión

LECTURA

K

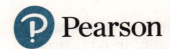
Pearson

Glenview, Illinois   Boston, Massachusetts
Chandler, Arizona   Nueva York, Nueva York

Pearson Education, Inc. 330 Hudson Street, New York, NY 10013

© **2020 Pearson Education, Inc. or its affiliates.** All Rights Reserved. Printed in the United States of America.

This publication is protected by copyright, and permission should be obtained from the publisher prior to any prohibited reproduction, storage in a retrieval system, or transmission in any form or by any means, electronic, mechanical, photocopying, recording, or otherwise. For information regarding permissions, request forms and the appropriate contacts within the Pearson Education Global Rights & Permissions Department, please visit www.pearsoned.com/permissions/.

Photography

Cover: Richard Peterson/Shutterstock; Angelo Gilardelli/Shutterstock; Daniel Prudek/Shutterstock; Nick Biebach/123RF; Anatoly Tiplyashin/Shutterstock; Karina Bakalyan/Shutterstock; Eric Isselee/Shutterstock; La Gorda/Shutterstock; Cienpies Design/Shutterstock; Carolina K. Smith MD/Shutterstock; Alex Mit/Shutterstock; Aphelleon/Shutterstock; Maks Narodenko/Shutterstock

Attributions of third-party content appear on pages 236–237, which constitutes an extension of this copyright page.

PEARSON and ALWAYS LEARNING are exclusive trademarks owned by Pearson Education, Inc. or its affiliates in the U.S. and/or other countries.

Unless otherwise indicated herein, any third-party trademarks that may appear in this work are the property of their respective owners and any references to third-party trademarks, logos, or other trade dress are for demonstrative or descriptive purposes only. Such references are not intended to imply any sponsorship, endorsement, authorization, or promotion of Pearson's products by the owners of such marks, or any relationship between the owner and Pearson Education, Inc. or its affiliates, authors, licensees, or distributors.

ISBN-13: 978-0-134-90794-9
ISBN-10: 0-134-90794-9
8 22

AUTORES DEL PROGRAMA

María G. Arreguín-Anderson, Ed.D.

Richard Gómez Jr., Ph.D.

UNIDAD 3

CONTENIDO

Cuéntame un cuento

SEMANA 1

TALLER DE LECTURA
Infografía: Aprender de las fábulas
DESTREZAS FUNDAMENTALES El dígrafo Ll ll • La consonante Kk — 16

Género: Cuento folclórico

Cómo consiguió Anansi sus cuentos .... Cuento folclórico — 31
por Ibi Zoboi

Comprensión de la lectura • Comentar el tema

PUENTE ENTRE LECTURA Y ESCRITURA — 47
Vocabulario académico • Preortografía: Clasificar letras • Leer como un escritor, escribir para un lector • Lenguaje y normas: Los pronombres personales: Sujeto

TALLER DE ESCRITURA — 51
Planificar tu cuento de ficción

SEMANA 2

TALLER DE LECTURA
Infografía: Contar cuentos de diferentes maneras
DESTREZAS FUNDAMENTALES El dígrafo Gu gu • La consonante r entre vocales — 56

Género: Cuento de hadas

El hombrecito de jengibre y *El cuento del hombrecito de maíz* .... Cuento de hadas — 71
por Pleasant DeSpain | Joseph Bruchac

Comprensión de la lectura • Comparar y contrastar cuentos

PUENTE ENTRE LECTURA Y ESCRITURA — 91
Vocabulario académico • Preortografía: Clasificar letras • Leer como un escritor, escribir para un lector • Lenguaje y normas: Los pronombres personales: Objeto

TALLER DE ESCRITURA — 95
Escribir tu cuento de ficción

SEMANA 3

TALLER DE LECTURA
Poemas: "Los meses" y "A la rueda, rueda"

DESTREZAS FUNDAMENTALES La consonante r al final de una sílaba • La consonante Yy ... **100**

Colección de poesía .... **Poesía** **115**

Comprensión de la lectura • Comentar la rima y el ritmo

PUENTE ENTRE LECTURA Y ESCRITURA ... **129**

Vocabulario académico • Preortografía: Clasificar letras • Leer como un escritor, escribir para un lector • Lenguaje y normas: Los pronombres posesivos

TALLER DE ESCRITURA ... **133**
Organizar tu cuento de ficción

Género: Poesía

SEMANA 4

TALLER DE LECTURA
Infografía: ¿Qué cuentos te gustan?

DESTREZAS FUNDAMENTALES La y como vocal • La consonante Zz ... **138**

El mejor cuento .... **Ficción** **153**
por Debbie O'Brien

Comprensión de la lectura • Comentar el propósito de la autora

PUENTE ENTRE LECTURA Y ESCRITURA ... **167**

Vocabulario académico • Preortografía: Clasificar letras • Leer como un escritor, escribir para un lector • Lenguaje y normas: Las preposiciones

TALLER DE ESCRITURA ... **171**
Corregir tu cuento de ficción

Género: Ficción

SEMANA 5

Género | Mito

TALLER DE LECTURA
Infografía: ¿Qué es un mito?
DESTREZAS FUNDAMENTALES La consonante z al final de una palabra • La consonante Xx 176

Mosni puede ayudar .... Mito 191
por Ruth Chan

Comprensión de la lectura • Describir el argumento

PUENTE ENTRE LECTURA Y ESCRITURA 205
Vocabulario académico • Preortografía: Clasificar letras • Leer como un escritor, escribir para un lector • Lenguaje y normas: Las preposiciones

TALLER DE ESCRITURA 209
Presentar tu cuento de ficción

SEMANA 6

Infografía: Comparar textos
DESTREZAS FUNDAMENTALES La consonante Xx con sonido j • La consonante Ww 214

PROYECTO DE INDAGACIÓN 220
Indagar: Mi cuento preferido • Colaborar y comentar: Texto persuasivo • Hacer una investigación: Buscar tu cuento • Celebrar y reflexionar

REFLEXIONAR SOBRE LA UNIDAD 227

UNIDAD 3

Cuéntame un cuento

Pregunta esencial

¿Por qué nos gustan los cuentos?

 **Mira**

"Tecnología que cambia" para que aprendas sobre diferentes tipos de cuentos.

INTERCAMBIAR *ideas*

¿Qué cuentos te gustan? Coméntalos con un compañero.

PEARSON realize

Puedes hallar todas las lecciones EN LÍNEA.

- VIDEO
- AUDIO
- JUEGO
- ANOTAR
- LIBRO
- INVESTIGACIÓN

Enfoque en cuentos tradicionales

Taller de lectura

Infografía: Aprender de las fábulas

Cómo consiguió Anansi sus cuentos .... Cuento folclórico
por Ibi Zoboi

Infografía: Contar cuentos de diferentes maneras

El hombrecito de jengibre y El cuento del hombrecito de maíz .... Cuentos de hadas
por Pleasant DeSpain | Joseph Bruchac

Poesía: "Los meses" y "A la rueda, rueda"

Colección de poesía .... Poesía

Infografía: ¿Qué cuentos te gustan?

El mejor cuento .... Ficción
por Debbie O'Brien

Infografía: ¿Qué es un mito?

Mosni puede ayudar .... Mito
por Ruth Chan

Puente entre lectura y escritura

- Vocabulario académico • Preortografía • Leer como un escritor, escribir para un lector • Lenguaje y normas .... **Cuentos**

Taller de escritura

- Planificar tu cuento de ficción • Argumento • Escribir un final
- Corregir los adjetivos y los artículos • Publicar y celebrar .... **Cuento de ficción**

Proyecto de indagación

Escribir una opinión .... **Texto persuasivo**

LECTURA INDEPENDIENTE

Lectura independiente

Hazte estas preguntas antes de leer.
- ¿Estoy leyendo para disfrutar de un cuento?
- ¿Estoy leyendo para aprender acerca de un tema?
- ¿Estoy leyendo para responder a una pregunta?

Leeré para aprender más acerca de cómo comen los animales.

¡Quiero saber qué hacen los personajes!

Instrucciones Diga: Pueden establecer un propósito, o razón, para leer. Lea en voz alta el texto y comente cómo establecer un propósito con los estudiantes.

Mi registro de lectura independiente

Día	Libro	Páginas leídas	Cuánto me gusta
			😊 😐 ☹️
			😊 😐 ☹️
			😊 😐 ☹️
			😊 😐 ☹️

Instrucciones Pida a los estudiantes que seleccionen e interactúen con un texto de forma independiente. Explíqueles que deben sostener su libro con la portada al frente y dar vuelta a las páginas correctamente mientras leen. Pida a los estudiantes que lean cada día un poco más. Luego, pídales que rellenen la tabla.

INTRODUCCIÓN

Metas de la unidad

En esta unidad,

○ leerás cuentos tradicionales.

△ escribirás un cuento de ficción.

☐ conversarás sobre por qué a las personas les gustan los cuentos.

 Encierra en un círculo el personaje inventado.

Instrucciones Lea en voz alta las metas de la unidad. Comente cómo los personajes ficticios, o inventados, son diferentes a las personas reales. Luego, pida a los estudiantes que miren las fotos y encierren en un círculo el personaje inventado.

Vocabulario académico

 Colorea.

	👍	?	👎
elegir			
explicar			
personaje			
significado			

Instrucciones Diga: Escuchen a medida que leo algunas palabras. Si saben el significado de la palabra, coloreen la casilla que está debajo del pulgar hacia arriba. Si han oído la palabra, pero no saben lo que significa, coloreen la casilla que está debajo del signo de interrogación. Si no conocen la palabra, coloreen la casilla que está debajo del pulgar hacia abajo. Comente los significados de las palabras que los estudiantes no conocen o de las palabras sobre las cuales tienen dudas.

PRESENTACIÓN DE LA SEMANA: INFOGRAFÍA

Aprender de las fábulas

La tortuga y la liebre hicieron una carrera.

En una fábula, los personajes pueden ser animales.

Pregunta de la semana

¿Qué podemos aprender de los cuentos?

La liebre durmió una siesta. La tortuga siguió adelante. ¡Poco a poco pero sin parar la tortuga ganó la carrera!

 Dibuja.

Una fábula tiene una lección al final.

Instrucciones Lea el texto y pida a los estudiantes que miren los dibujos. Diga: La lección es la gran idea de un cuento, o lo que se puede aprender del cuento. Comente el final del cuento y cuál es la lección del cuento con los estudiantes. Pídales que demuestren su conocimiento de la fábula dibujando el final.

CONCIENCIA FONOLÓGICA | FONÉTICA

Las sílabas con ll

 Encierra en un círculo.

Instrucciones Pida a los estudiantes que nombren cada palabra ilustrada y separen y cuenten las sílabas de cada una. Demuestre: Escuchen esta palabra *lla-ve*: tiene el sonido /ll/ en la primera de sus dos sílabas. Ahora escuchen esta palabra *es-tre-lla*: Tiene el sonido *lla* en la última de sus tres sílabas. Luego, pídales que encierren en un círculo la palabra de cada par que tiene el sonido /ll/ en su última sílaba.

El dígrafo Ll

 Encierra en un círculo.

Instrucciones Recuerde a los estudiantes que la doble *l*, o dos *ll* juntas, forman un dígrafo que tiene el sonido /ll/. Pídales que repitan el sonido /ll/ con usted. Demuestre cómo formar las letras *Ll* y *ll*. Pida a los estudiantes que tracen las letras y encierren en un círculo las imágenes cuyos nombres comienzan con una sílaba con *ll*.

FONÉTICA | CONCIENCIA FONOLÓGICA

El dígrafo Ll ll

 Lee y encierra en un círculo.

anillo

caballo

cebolla

Instrucciones Pida a los estudiantes que tracen el dígrafo *ll* en cada palabra. Luego, pídales que lean las palabras. Diga: Ahora, encierren en un círculo la imagen que representa el significado de la palabra.

Las sílabas con k

 Encierra en un círculo.

Instrucciones Diga: Escuchen la primera sílaba de esta palabra: *ki-wi*. La primera sílaba comienza con el sonido /k/. Pida a los estudiantes que nombren las imágenes, separen y cuenten los sonidos de cada imagen y encierren en un círculo las palabras que empiezan con el sonido /k/.

FONÉTICA | PALABRAS DE USO FRECUENTE

La consonante Kk

 Encierra en un círculo.

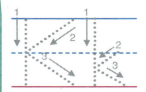

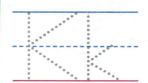

Instrucciones Explique a los estudiantes que la consonante *Kk* tiene el sonido que escuchamos al comienzo de la palabra *kilo*. Diga: ¿Qué otras imágenes comienzan con *k*? Pida a los estudiantes que tracen las letras *Kk* y encierren en un círculo la imagen de cada fila que comienza con la consonante *k*.

DESTREZAS FUNDAMENTALES

Mis palabras

| fue | llegó | cuando |

Mis oraciones para leer

Kevin llegó al safari.

Su papá fue con él.

Cuando llegó a casa le contó a su mamá.

Instrucciones Diga: Hay algunas palabras que hay que recordar y practicar. Escuchen estas tres palabras: *fue, llegó y cuando*. Pida a los estudiantes que lean las palabras de uso frecuente. Luego, pídales que subrayen las palabras en las oraciones. Por último, pídales que lean las oraciones.

FONÉTICA

La consonante Kk

 Lee y escribe.

Instrucciones Pida a los estudiantes que tracen la letra *k* en cada palabra. Luego, pídales que lean la palabra y la escriban en las líneas.

CUENTO DE FONÉTICA

DESTREZAS FUNDAMENTALES

El safari

Resalta las palabras que tienen la consonante **k**.

Kevin llegó al safari en la mañana.
Fue con su papá.

Lleva una gorra color rojo y unos pantalones color kaki.

¡Kevin ama los elefantes!

CUENTO DE FONÉTICA

Los elefantes son enormes.
Pesan muchos kilos.

Se meten al agua cuando hace sol.

La mamá elefanta llama a su bebé.
¡El baño está rico!

DESTREZAS FUNDAMENTALES

Subraya las palabras que tienen el dígrafo **ll**.

¡Mira la nube! Parece que va a llover.

Kevin debe ir a casa. Los elefantes no. ¡Ellos viven allí!

Kevin le va a contar todo a su mamá.

FONÉTICA

El dígrafo Ll ll y la consonante Kk

INTERCAMBIAR *ideas* Lee con un compañero.

| Kevin | kaki | kilo |

| llora | llave | calle |

| kárate | kimono | Karen |

| caballo | castillo | caballero |

Instrucciones Recuerde a los estudiantes que las letras *ll* forman un dígrafo que tiene el sonido /ll/ y que la letra *k* tiene el sonido /k/. Pida a parejas de estudiantes que se turnen para leer las palabras.

El dígrafo Llll y la consonante Kk

Mi TURNO   Encierra en un círculo, lee y empareja.

Kimiko se pone un kimono.

Ana camina en la calle.

A Kevin le gusta el kárate.

El caballo corre en el llano.

Instrucciones Recuerde a los estudiantes que las letras *ll* forman un dígrafo que tiene el sonido /ll/ y que la letra *k* tiene el sonido /k/. Pídales que encierren en un círculo las palabras con *ll* y con *k* en cada oración. Luego, pídales que lean las oraciones y que dibujen líneas para emparejar cada una con la imagen que mejor muestra su significado.

GÉNERO: CUENTO FOLCLÓRICO

Mi meta de aprendizaje Puedo leer cuentos tradicionales.

ENFOQUE EN EL GÉNERO

Cuento folclórico

Un **cuento folclórico** es un cuento tradicional que las personas han contado muchas veces.

Los cuentos folclóricos tienen un **tema**, o gran idea.

> Un día, Caperucita Roja se fue a dar un paseo. Su mamá le dijo que no hablara con desconocidos. Caperucita Roja se encontró con un lobo. El lobo le habló y trató de engañarla, pero la mamá de Caperucita Roja vio al lobo y lo ahuyentó. ¡Caperucita Roja estaba a salvo!

INTERCAMBIAR *ideas* Conversa con un compañero sobre la idea principal del cuento folclórico.

Instrucciones Lea la página en voz alta. Luego, diga: Díganme lo que saben sobre los cuentos folclóricos. Por último, pida a parejas de estudiantes que demuestren su conocimiento de este conocido cuento determinando cuál es el tema básico.

TALLER DE LECTURA

Cartel de referencia: Cuento folclórico

Tema

Ambiente

Sucesos

Personajes

VOCABULARIO

Cómo consiguió Anansi sus cuentos

Primer vistazo al vocabulario

rey   león   leopardo

Leer
Lee el texto y mira las ilustraciones para saber la idea principal del cuento.

Conoce a la autora

Ibi Zoboi escribe para niños y adolescentes y es madre de tres hijos. También tiene tres tortugas que se llaman Lucky, Jade y Leo.

Había una vez en que Anansi no tenía cuentos.
"¡El rey Cielo tiene cuentos!", pensó Anansi.

LECTURA ATENTA

¿Por qué Anansi va a ver al rey Cielo? Subraya las palabras que dicen de qué trata el cuento.

Anansi fue a ver al rey Cielo.
—Haré lo que sea por tus cuentos —dijo Anansi.

—Tráeme al león y al leopardo —dijo el rey Cielo.
"Ajá…" pensó Anansi, e hizo un plan.

LECTURA ATENTA

¿Qué palabras te ayudan a imaginar lo que hace Anansi después de ver al rey Cielo? Resalta las palabras.

Anansi fue a ver al león y le dijo:
—Dice el leopardo que es más fuerte que tú.

—¿Ah, sí? —dijo el león—. ¡Ya veremos!
—Ve a la montaña —dijo Anansi.

Anansi fue a ver al leopardo y le dijo:
—Dice el león que es más fuerte que tú.

—¿Ah, sí? —dijo el leopardo—. ¡Ya veremos!
—Ve a la montaña —dijo Anansi.

LECTURA ATENTA

¿Qué palabra te ayuda a imaginar cómo se siente Anansi acerca de su plan? Resalta la palabra.

Anansi siguió al leopardo montaña arriba. Le sonrió al rey Cielo.

—¡Bien hecho, Anansi! —dijo el rey Cielo—. ¡Ahora puedes tener todos mis cuentos!

LECTURA ATENTA

¿Por qué quiere Anansi los cuentos? Subraya las palabras que lo dicen.

Anansi tomó los cuentos y se fue a su casa.
Desde entonces, ha estado contando esos cuentos.

41

VOCABULARIO

Desarrollar el vocabulario

 Encierra en un círculo.

rey

león

leopardo

Instrucciones Lea las palabras a los estudiantes. Pídales que encierren en un círculo la imagen que muestra el significado de cada palabra.

COMPRESIÓN  TALLER DE LECTURA

Verificar la comprensión

 Escribe.

1. ¿Cómo engaña Anansi al león y al leopardo?

2. ¿Cómo te cuenta la autora el ambiente del cuento?

3. ¿Qué problema tiene Anansi?

Instrucciones Lea en voz alta las preguntas una por una. Pida a los estudiantes que escriban las respuestas en las líneas. Recuérdeles que usen evidencia del texto.

LECTURA ATENTA

Comentar el tema

El **tema** es la idea principal de un cuento.

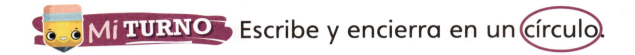
Escribe y encierra en un círculo.

Instrucciones Lea la información a los estudiantes. Diga: Comentar de qué se trata el cuento puede ayudarlos a averiguar el tema. Las ilustraciones también pueden ayudar. Pida a los estudiantes que vuelvan al texto para comentar de qué trata y determinar el tema básico. Pídales que escriban el tema en las líneas. Luego, pídales que encierren en un círculo la ilustración del cuento que los ayudó a comprender el tema.

Visualizar los detalles

Los autores usan palabras que te pueden ayudar a **visualizar**, o imaginar, lo que sucede.

 Dibuja.

Instrucciones Lea en voz alta la oración de la parte superior de la página. Pregunte: ¿Qué hace Anansi después de que el rey Cielo le dice que traiga al león y al leopardo? Pida a los estudiantes que vuelvan al texto. Pídales que piensen en los sucesos y dibujen lo que visualizan.

RESPONDER AL TEXTO

Reflexionar y comentar

INTERCAMBIAR ideas Dile a un compañero tu opinión sobre Anansi. ¿En qué se parece a otro personaje sobre el que has leído? ¿En qué se diferencia?

Puedes comparar y contrastar personajes.

Pregunta de la semana

¿Qué podemos aprender de los cuentos?

Instrucciones Pregunte: ¿Les gusta Anansi? ¿Por qué? Pida a parejas de estudiantes que comenten entre sí lo que piensan sobre Anansi. Luego, pídales que comparen y contrasten a Anansi con otro personaje sobre el que hayan leído.

VOCABULARIO  PUENTE ENTRE LECTURA Y ESCRITURA

Puedo usar palabras para hablar sobre los cuentos.

Mi meta de aprendizaje

Vocabulario académico

| elegir | explicar | personaje | significado |

Mi TURNO Tacha.

- personas
- explicación
- **personaje**
- elige
- personal

Instrucciones Señale la palabra *personaje* en el centro de la red y pida a los estudiantes que hablen del significado de la palabra. Luego, lea las palabras en los círculos exteriores de la red y pida a los estudiantes que identifiquen las palabras que están relacionadas con *personaje*. Pídales que tachen las palabras que no están relacionadas.

PREORTOGRAFÍA

Clasificar letras

 Empareja.

I A E U O

a e o i u

Instrucciones Pida a los estudiantes que identifiquen las letras mayúsculas y minúsculas. Demuestre: Esta es la *I* mayúscula. Esta es la *a* minúscula. Luego, pida a los estudiantes que dibujen una línea para emparejar cada letra mayúscula con su letra minúscula.

TÉCNICA DEL AUTOR  PUENTE ENTRE LECTURA Y ESCRITURA

Leer como un escritor, escribir para un lector

 Escribe.

1. Busca una palabra en el cuento que te ayude a imaginar cómo se siente Anansi.

2. ¿Qué otra palabra puedes usar para ayudar a los lectores a imaginarse a Anansi?

Instrucciones Lea la primera pregunta con los estudiantes. Pídales que vuelvan al cuento para buscar la palabra y escribirla en las líneas. Luego, lea la segunda pregunta y pida a los estudiantes que escriban su respuesta. Anímelos a mirar las ilustraciones del cuento para obtener ideas. Cuando los estudiantes terminen, pídales que comenten sus respuestas.

LENGUAJE Y NORMAS

Los pronombres personales: Sujeto

Los **pronombres** toman el lugar de un sustantivo.

El niño corre.

Él corre.

 Escribe.

| tú | usted |

_____ es mi maestro/maestra.

_____ es mi maestro/maestra.

Instrucciones Lea la información y explique que algunos pronombres se usan en la parte que nombra de una oración. Luego, lea los pronombres del banco de palabras. Explique a los estudiantes que el pronombre *usted* es una manera formal de decir *tú*: Usted es el pronombre formal que usamos para hablar con alguien que no conocemos, con una persona mayor o con o un maestro o una maestra. Pida a los estudiantes que escriban su nombre (un sustantivo) para completar la primera oración. Luego, pídales que completen la segunda oración con el pronombre correcto del banco de palabras.

TALLER DE ESCRITURA

Puedo escribir un cuento.

Ficción

La **ficción** es un cuento inventado.

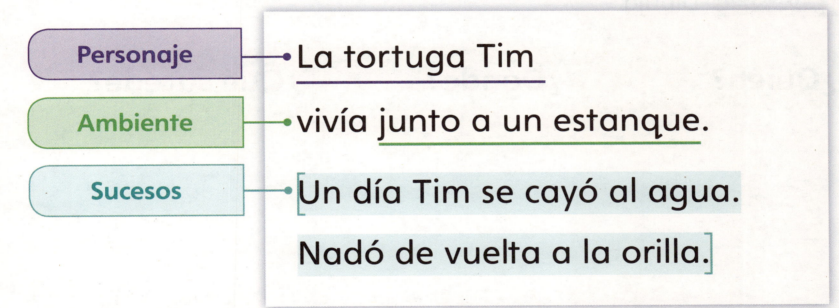

- Personaje — La tortuga Tim
- Ambiente — vivía junto a un estanque.
- Sucesos — Un día Tim se cayó al agua. Nadó de vuelta a la orilla.

Instrucciones Diga: Cuando leemos, comenzamos en la parte superior y nos movemos de izquierda a derecha. Cuando llegamos al final de una línea movemos el dedo hasta la siguiente línea. Continuamos hasta llegar a la parte inferior. Pida a los estudiantes que sigan el texto, incluyendo la barrida de retorno, mientras leen en voz alta el texto modelo. Comente qué hace que este texto sea un cuento de ficción.

FICCIÓN

Generar ideas

Los cuentos de ficción tienen personajes, un ambiente, o escenario, y sucesos, o acontecimientos.

 Dibuja.

¿Quién?	¿Dónde?	¿Qué sucede?

Instrucciones Diga: Los autores piensan en ideas para cuentos antes de escribir. ¿Sobre quién puede ser un cuento? ¿Dónde y cuándo puede tener lugar un cuento? ¿Qué podría pasar en un cuento? Los autores pueden conversar sobre sus ideas. Pida a la clase que genere ideas para la escritura mientras comenta ideas para las partes de un cuento. Anime a los estudiantes a obtener ideas de los comentarios de la tabla.

Planificar tu cuento de ficción

Los autores planifican las partes de un cuento.

 Dibuja.

Personajes	Ambiente
Primero	**Luego**	**Por último**

Instrucciones Diga: Los autores piensan en los personajes, ambientes y sucesos acerca de los que van a escribir antes de comenzar. También dibujan para planificar sus ideas. Pida a los estudiantes que generen ideas para un cuento de ficción mientras usted las dibuja en el pizarrón. Luego, pídales que dibujen en el organizador gráfico para planificar los personajes, el ambiente y los sucesos del cuento según el orden en el que suceden.

PRESENTACIÓN DE LA SEMANA: INFOGRAFÍA

Contar cuentos de diferentes maneras

Los cuentos pueden ser parecidos o diferentes.

Dos cuentos pueden comenzar de la misma manera.

Pregunta de la semana

¿En qué se parecen y en qué se diferencian dos versiones del mismo cuento?

1 ¿Qué sucede en este final?

2 ¿Qué sucede en este final?

INTERCAMBIAR ideas Conversa con un compañero sobre las semejanzas y diferencias entre estos dos cuentos.

Instrucciones Lea en voz alta el texto a los estudiantes. Luego, pídales que miren las ilustraciones. Pida a los estudiantes que interactúen con la fuente mientras comentan en qué se parecen y en qué se diferencian las dos versiones del cuento.

CONCIENCIA FONOLÓGICA | FONÉTICA

Las sílabas gue, gui

 Subraya y encierra en un círculo.

Instrucciones Diga: Escuchen la primera sílaba de esta palabra: *gui-ta-rra*. La primera sílaba, *gui*, está formada por la combinación de /g/ e /i/. Ahora escuchen la primera sílaba de esta palabra: *gue-par-do*. La primera sílaba, *gue*, comienza con el sonido /g/. Pida a los estudiantes que separen, pronuncien y combinen las sílabas de cada palabra ilustrada de la segunda fila. Luego, pídales que subrayen las palabras ilustradas que contienen la sílaba *gui* y encierren en un círculo las palabras que contienen la sílaba *gue*.

DESTREZAS FUNDAMENTALES

El dígrafo Gu gu

 Escribe y encierra en un (círculo).

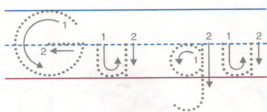

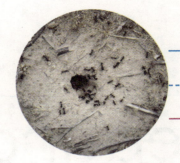

Instrucciones Recuerde a los estudiantes que un dígrafo está formado por dos letras combinadas que tienen un mismo sonido. Diga: El dígrafo *gu* tiene el sonido /g/, pero solamente cuando está antes de las vocales *e* o *i*, como en las sílabas *gue* y *gui*. Demuestre cómo trazar los dígrafos *Gu* y *gu*. Luego, pídales que escriban las letras en las líneas y encierren en un círculo las palabras ilustradas que contienen el dígrafo *gu*.

El dígrafo Gu gu

 Escribe y lee.

 guepardo

 á__ila

 ho__era

 __iso

DESTREZAS FUNDAMENTALES

Las sílabas con r

 Encierra en un (círculo).

Instrucciones Diga: Escuchen estas sílabas: *lo-ro*, *a-ro*. Al combinarlas forman dos palabras distintas de dos sílabas, *loro* y *aro*, pero ambas comparten la misma sílaba final con el sonido /r/ al principio. Luego, pídales que separen y combinen las sílabas de cada palabra ilustrada y encierren en un círculo las palabras que contengan sílabas con el sonido /r/.

59

FONÉTICA | PALABRAS DE USO FRECUENTE

La consonante r entre vocales

Mi TURNO Encierra en un (círculo).

Instrucciones Explique a los estudiantes que la letra *r* tiene el sonido /r/ cuando aparece entre dos vocales. Diga: Señalen la letra *r* y digan el sonido que tiene. Ahora digan el nombre de cada imagen y encierren en un círculo las palabras que tengan sílabas con *r*, como la palabra *pera*. Pida a los estudiantes que tracen la letra *r* y encierren en un círculo las palabras que contienen la letra *r* entre vocales.

DESTREZAS FUNDAMENTALES

Mis palabras

| hora | alguien | siguiente |

Mis oraciones para leer

Guille llega a la hora de comer.

Alguien va a cenar a casa.

Guille sale la mañana siguiente.

Instrucciones Diga: Hay algunas palabras que hay que recordar y practicar, como *alguien*. Pida a los estudiantes que lean las palabras de uso frecuente. Luego, pídales que lean las oraciones y subrayen las palabras de uso frecuente.

FONÉTICA

La consonante r entre vocales

 Lee y escribe.

a r ena _____

a r aña _____

ma r acas _____

Instrucciones Pida a los estudiantes que nombren las imágenes y tracen la letra *r* para completar cada palabra. Luego, pídales que lean cada palabra y la escriban en las líneas.

CUENTO DE FONÉTICA

DESTREZAS FUNDAMENTALES

La mañana siguiente

Resalta las palabras que tienen el dígrafo **gu**.

A Guille le gustan los guisantes.
Su amiguito usa la manguera.
La mamá de Guille cocina.

CUENTO DE FONÉTICA

Es hora de descansar.

Alguien toca la guitarra.

¿Qué hace mamá?

64

DESTREZAS FUNDAMENTALES

Subraya las palabras que tienen la consonante **r**.

Es un muñeco de masa.

Guille lo comerá la mañana siguiente.

¡Es la hora de la cama!

FONÉTICA

El dígrafo gu y la consonante r entre vocales

INTERCAMBIAR ideas Lee con un compañero.

 guiso   Guille   amiguito

 oro   loro   hora

 juguete   guisante   manguera

 araña   naranja   marinero

Instrucciones Recuerde a los estudiantes que el dígrafo *gu* tiene el sonido /g/ en las sílabas *gue*, *gui*, y que la letra *r* tiene el sonido /r/ cuando aparece entre dos vocales. Pida a parejas de estudiantes que se turnen para leer las palabras.

El dígrafo gu y la consonante r entre vocales

 Escribe y lee.

Yo tengo un lo__r__o.

Mi ami__gu__ito lleva un chaleco.

Pepe toca las ma____acas.

Lara toca la ____itarra.

Instrucciones Recuerde a los estudiantes que el dígrafo *gu* tiene el sonido /g/ en las sílabas *gue*, *gui*, y que la letra *r* tiene el sonido /r/ cuando aparece entre dos vocales. Pídales que escriban *gu* o *r* para completar las palabras. Luego, pídales que lean las oraciones.

GÉNERO: CUENTO DE HADAS

Mi meta de aprendizaje Puedo leer cuentos tradicionales.

ENFOQUE EN EL GÉNERO

Cuento de hadas

Un **cuento de hadas** es un cuento tradicional. Habla sobre sucesos y personajes inventados.

Título	**Jack y los frijoles mágicos**
Sucesos	Jack sembró un frijol mágico. ¡Un tallo creció hasta el cielo!
Personajes	Un gigante vivía en la cima. Le dio a Jack un huevo de oro.

INTERCAMBIAR ideas Conversa sobre cómo sabes que el cuento es un cuento de hadas.

Instrucciones Lea la información del género y el texto modelo a los estudiantes. Pida a los estudiantes que demuestren su conocimiento de la literatura infantil conocida conversando sobre cómo saben que el cuento es un cuento de hadas.

TALLER DE LECTURA

Cartel de referencia: Cuento de hadas

Personajes

Sucesos
1.
2.

VOCABULARIO

El hombrecito de jengibre

Primer vistazo al vocabulario

atrapar | engulló

Leer y comparar

Lee para saber qué le sucede al hombrecito de jengibre.

Conoce al autor

Pleasant DeSpain viaja por el mundo para descubrir cuentos, viejos y nuevos. ¡Los cuenta en voz alta y los escribe para que todo el mundo los disfrute!

escrito por
Pleasant DeSpain

ilustrado por
Victoria Assanelli

Género Cuento de hadas

El hombrecito de jengibre

La señorita Avellana horneó un sabroso hombrecito de jengibre.
—¡Ñam! —dijo.

LECTURA ATENTA

¿Por qué salta el hombrecito de jengibre? <mark>Resalta</mark> las palabras que te ayudan a responder a la pregunta.

¡De repente, el hombrecito de jengibre saltó y corrió afuera!
—¡Nadie me puede atrapar! —exclamó.

Gruñidos persiguió al hombrecito de jengibre.
—¡Ja, ja, je, je! ¡No me puedes atrapar!

La zorra dijo:
—Pareces cansado. Ven y siéntate.
—¡Sí! —dijo el hombrecito de jengibre.

LECTURA ATENTA

¿Qué pasa con el hombrecito de jengibre al final del cuento? Subraya las palabras que dicen lo que sucede.

La astuta zorra sonrió.
¡Luego, la zorra lo engulló!

VOCABULARIO  TALLER DE LECTURA

El cuento del hombrecito de maíz

Primer vistazo al vocabulario

| saltó | horneando |

Leer y comparar

Lee para saber en qué se parece este cuento al de *El hombrecito de jengibre*.

Conoce al autor

Joseph Bruchac es escritor, músico y narrador. Ha publicado más de 120 libros. Muchos de sus cuentos provienen de la historia y la cultura de los indígenas americanos.

Leer juntos

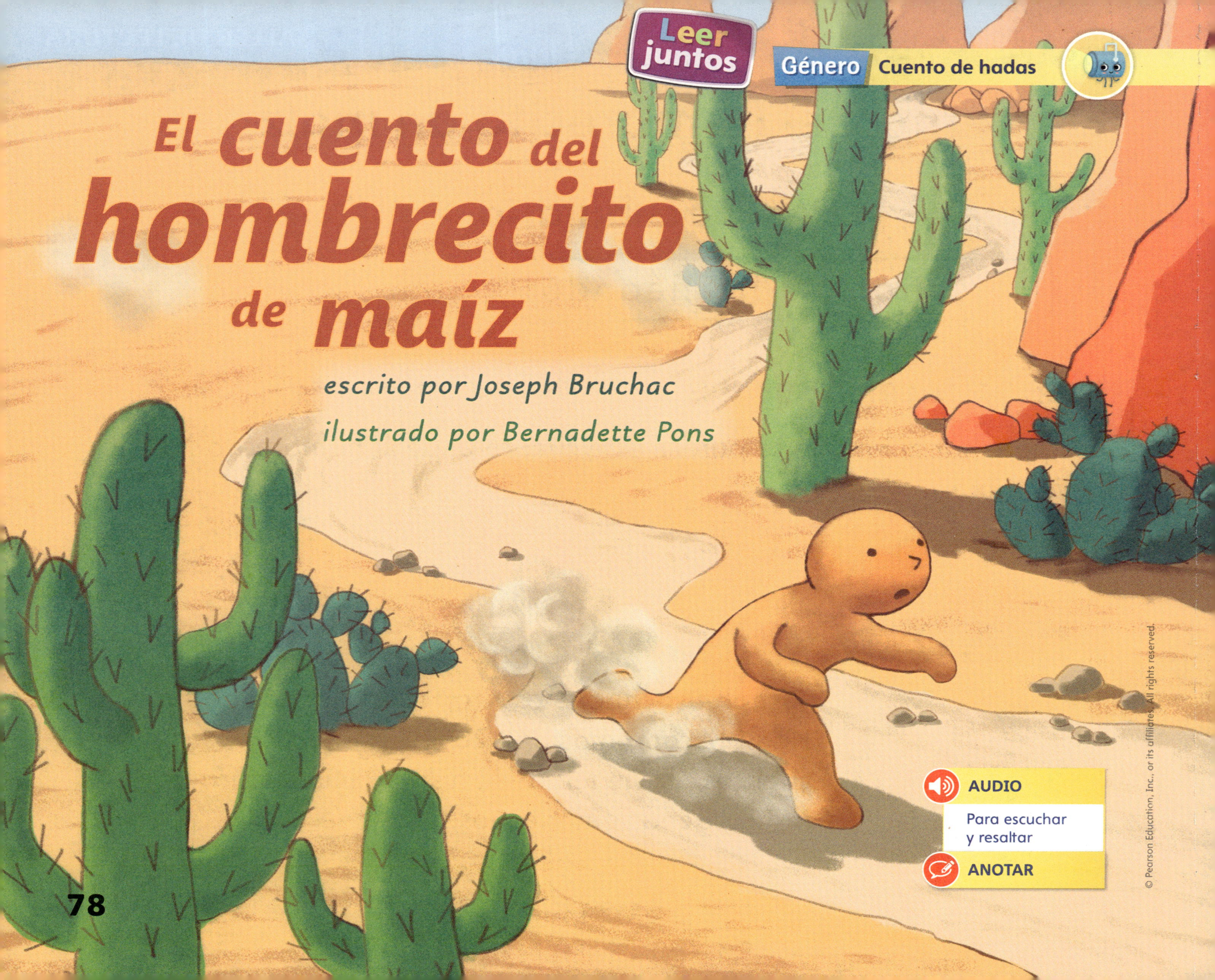

Género Cuento de hadas

El cuento del hombrecito de maíz

escrito por Joseph Bruchac

ilustrado por Bernadette Pons

AUDIO
Para escuchar y resaltar

ANOTAR

© Pearson Education, Inc., or its affiliates. All rights reserved.

La abuela estaba horneando un pan de maíz.
—¡Haz un hombrecito de maíz! —dijeron sus nietos.

Así que la abuela lo hizo.

Tenía una cabeza. Tenía brazos. Tenía piernas.

LECTURA ATENTA

¿Por qué salta el hombrecito de maíz? Resalta las palabras que te ayudan a responder a la pregunta.

—Te ves muy apetitoso —dijo la abuela.
El hombrecito de maíz saltó y se puso de pie.

—¡Corran tan rápido como puedan! —dijo—.
No me pueden atrapar.
Soy el hombrecito de maíz.

El hombrecito de maíz corrió y corrió.

Corrió al río.

Vio al coyote.

—Llévame al otro lado —dijo el hombrecito de maíz.
—Súbete a mi cabeza —dijo el coyote.

> **LECTURA ATENTA**
>
> ¿Qué le sucede al hombrecito de maíz al final del cuento? Subraya las palabras que dicen qué sucede.

El coyote abrió la boca.

El hombrecito de maíz saltó y huyó.

Nunca nadie volvió a verlo.

VOCABULARIO

Desarrollar el vocabulario

 Escribe.

| saltó | atrapar | engulló | horneando |

¿Qué fue lo que hizo el hombrecito de maíz?

_____

_____

_____ y huyó.

COMPRENSIÓN  TALLER DE LECTURA

Verificar la comprensión

 Escribe.

1. ¿Cómo saben que estos cuentos son cuentos de hadas?

2. ¿Cuál es el ambiente de *El cuento del hombrecito de maíz*?

3. ¿En qué se parecen el coyote y la zorra?

Instrucciones Lea las preguntas una por una en voz alta y pida a los estudiantes que escriban las respuestas en las líneas. Recuérdeles que usen la evidencia del texto.

LECTURA ATENTA

Comparar y contrastar cuentos

Cuando **comparamos**, decimos en qué se parecen los cuentos.
Cuando **contrastamos**, decimos en qué se diferencian.

 Dibuja.

hombrecito de jengibre   **hombrecito de maíz**

Instrucciones Lea en voz alta las oraciones de la parte superior de la página y los encabezados del organizador gráfico. Diga: Piensen en el final de cada cuento. Dibujen en la parte central una semejanza entre los dos finales. Dibujen en qué se diferencian en las partes exteriores de los círculos. Recuerde a los estudiantes que revisen los textos.

Hacer inferencias

Puedes usar detalles del texto y lo que ya sabes para **hacer inferencias**.

 Encierra en un (círculo) y escribe.

Quieren hacer nuevos amigos.

No quieren que se los coman.

RESPONDER AL TEXTO

Reflexionar y comentar

INTERCAMBIAR ideas Cuéntale a tu compañero lo que sucede en cada cuento. Luego, di en qué se parecen el hombrecito de maíz y el hombrecito de jengibre.

Pregunta de la semana

¿En qué se parecen y en qué se diferencian dos versiones del mismo cuento?

Instrucciones Pida a los estudiantes que se turnen en parejas para volver a contar, o recontar, lo que sucede en cada cuento. Recuérdeles que incluyan los sucesos importantes. Luego, pídales que comenten en parejas en qué se parecen el hombrecito de maíz y el hombrecito de jengibre.

VOCABULARIO  **PUENTE ENTRE LECTURA Y ESCRITURA**

Puedo usar palabras para hablar sobre los cuentos.

Mi meta de aprendizaje

Vocabulario académico

| elegir | explicar | personaje | significado |

 Mi TURNO Encierra en un círculo.

El regalo fue _____ para Sara.

| insignificante | significativo |

El problema de matemáticas era _____.

| explicable | inexplicable |

Instrucciones Lea las oraciones y las opciones de respuesta a los estudiantes. Diga: Las opciones de respuesta para cada oración son adjetivos que tienen significados opuestos. Comente los significados de los adjetivos y pida a los estudiantes que encierren en un círculo la respuesta que mejor contesta cada oración.

PREORTOGRAFÍA

Clasificar letras

 Empareja.

M   s

P   m

L   p

S   l

Instrucciones Diga: Pueden identificar, o nombrar, letras mayúsculas y minúsculas. Esta letra es la *M* mayúscula. Esta letra es la *s* minúscula. Pida a los estudiantes que identifiquen las letras mayúsculas y minúsculas. Luego, pídales que dibujen una línea para emparejar cada letra mayúscula con su letra minúscula.

TÉCNICA DEL AUTOR  **PUENTE ENTRE LECTURA Y ESCRITURA**

Leer como un escritor, escribir para un lector

 Escribe.

1. ¿Qué palabra usan los autores para decir cómo se levantan el hombrecito de jengibre y el hombrecito de maíz?

   _____

2. ¿Qué palabra podrías usar en lugar de **correr** para contar cómo se mueven el hombrecito de jengibre y el hombrecito de maíz?

   _____

Instrucciones Lea la primera pregunta y anime a los estudiantes a volver a los textos para buscar la respuesta. Pídales que comenten por qué los autores eligieron usar la palabra *saltó* en lugar de *se levantó* para describir las acciones de los personajes. Luego, lea la segunda pregunta y pida a los estudiantes que escriban la palabra que podrían usar en lugar de *correr*.

LENGUAJE Y NORMAS

Los pronombres personales: Objeto

Un **pronombre** toma el lugar de un sustantivo.

Liz llevó a **Sami** al cine.

Liz **lo** llevó al cine.

INTERCAMBIAR ideas Habla con un compañero acerca del pronombre. ¿Qué sustantivo reemplaza?

Mi TURNO Escribe.

| la | me | lo |

_____

Ben ayudó a mamá.

Instrucciones Explique que algunos pronombres se usan en la parte de acción de una oración. Pida a los estudiantes que comenten qué sustantivo reemplaza el pronombre. Luego, lea los pronombres en el banco de palabras. Pida a los estudiantes que escriban en la línea el pronombre correcto para el sustantivo subrayado.

FICCIÓN  TALLER DE ESCRITURA

Puedo escribir un cuento.

Mi meta de aprendizaje

El ambiente

El **ambiente** es dónde y cuándo sucede un cuento.

 Encierra en un círculo.

Instrucciones Pida a los estudiantes que describan lo que ven en las fotos. Luego, pídales que encierren en un círculo la foto que podría ser el ambiente de un cuento. Pida a los estudiantes que comenten qué sucesos podrían ocurrir en un bosque.

FICCIÓN

Personajes

Los **personajes** son las personas o los animales en un cuento.

 Dibuja.

Instrucciones Pida a los estudiantes que piensen en los personajes sobre los que podrían escribir un cuento sobre ir al parque. Pida a los estudiantes que dibujen al menos dos personajes en el parque.

Argumento

Los sucesos en un cuento componen el **argumento**.

El argumento habla de un problema y de cómo los personajes lo resuelven.

 Dibuja.

Instrucciones Comente lo que sucede en la ilustración y pida a los estudiantes que identifiquen el problema. Luego, pídales que resuelvan el problema de la tortuga.

PRESENTACIÓN DE LA SEMANA: POESÍA

Los meses

Treinta días trae septiembre
con abril, junio y noviembre.
De veintiocho solo hay uno.
Y los demás treinta y uno.

Pregunta de la semana

¿Por qué nos gustan los poemas?

SEMANA 3

A la rueda, rueda

A la rueda, rueda,
de pan y canela,
vístete pronto
y ve a la escuela.

INTERCAMBIAR *ideas* Encierra en un (círculo) el poema que te gusta más. Subraya tu parte favorita. Comenta el poema con un compañero.

Instrucciones Lea los poemas a los estudiantes. Explique por qué a las personas les gusta leer poemas. Luego, diga: Cuando interactúan con un texto, responden de una manera que ayuda a comprenderlo. Pida a los estudiantes que interactúen con los poemas encerrando en un círculo el título del poema que más les guste y subrayando su parte favorita de ese poema.

99

CONCIENCIA FONOLÓGICA | FONÉTICA

Las sílabas con r al final

 Empareja.

Instrucciones Diga: Escuchen la palabra *mar*. Está formada por la combinación de tres sonidos: /m/, /a/ y /r/. ¿Qué otras imágenes muestran palabras con el sonido /r/ al final de alguna de sus sílabas? Pida a los estudiantes que pronuncien, separen y combinen las sílabas de cada palabra ilustrada. Luego, pídales que separen y combinen los sonidos de *mar* y que dibujen líneas para emparejar esa imagen con todas las imágenes que contienen sílabas con el sonido /r/ al final. Por último, pida a los estudiantes que identifiquen las dos palabras que riman con *mar*.

La consonante r al final de una sílaba

 Escribe y lee.

leer

a te

ca tera

ba co

ce do

ve de

Instrucciones Recuerde a los estudiantes que hay palabras con sílabas que tienen el sonido /r/ al final. Pida a los estudiantes que completen las palabras escribiendo la *r*. Luego, pídales que lean cada palabra.

FONÉTICA | CONCIENCIA FONOLÓGICA

La consonante r al final de una sílaba

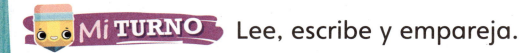 Lee, escribe y empareja.

cerca

árbol

correr

Instrucciones Pida a los estudiantes que tracen la *r* en cada palabra. Luego, pídales que lean las palabras y las escriban en las líneas. Por último, pídales que dibujen líneas para emparejar cada palabra con su imagen.

Las sílabas con y

 Encierra en un círculo.

Instrucciones Pida a los estudiantes que separen y combinen las sílabas de las palabras ilustradas en la primera fila y encierren en un círculo las que tienen el sonido /y/ al comienzo de su primera sílaba.
Demuestre: Escuchen mientras separo la palabra *yate* en sílabas, *ya-te*. Ahora escuchen mientras combino las sílabas para volver a formar la palabra *yate*. La palabra *ya-te* tiene el sonido /y/ al comienzo de su primera sílaba. ¿Qué otras palabras de la primera fila tienen el sonido /y/ al comienzo de su primera sílaba? Continúe con la segunda fila, pidiéndoles ahora que encierren en un círculo las palabras que tienen el sonido /y/ al comienzo de su segunda sílaba, como en *playa*.

FONÉTICA | PALABRAS DE USO FRECUENTE

La consonante Yy

 Encierra en un círculo.

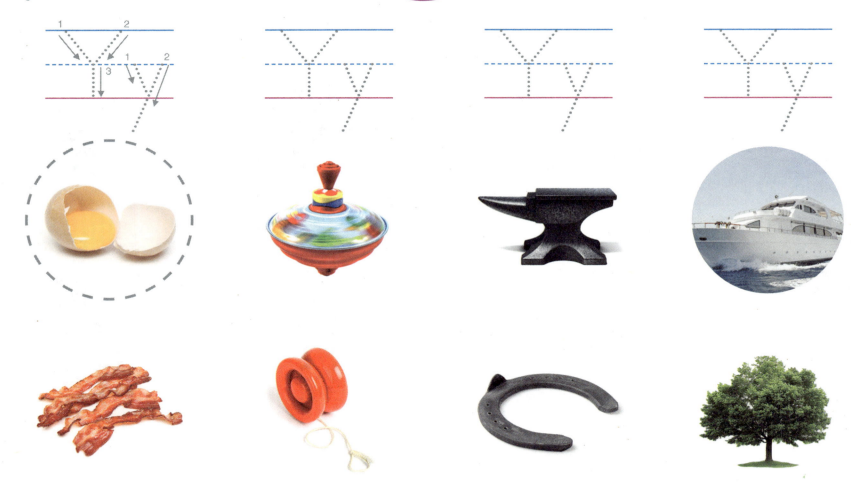

Instrucciones Diga a los estudiantes que la consonante *y* tiene el sonido /y/ que escuchan al comienzo de *yema*. Pídales que tracen las letras en la parte superior de la página. Luego, pídales que encierren en un círculo la imagen que contenga una sílaba con la letra *y*.

DESTREZAS FUNDAMENTALES

Mis palabras

| yo | quiero | imagino |

Mis oraciones para leer

Yo corto mis pantalones.

Quiero salir a jugar.

Me imagino en el parque.

Instrucciones Diga a los estudiantes que las palabras del banco de palabras son palabras que tienen que practicar y recordar. Lea las palabras, señalando cada una al leerla. Luego, pida a los estudiantes que lean las oraciones con usted y subrayen las palabras de uso frecuente.

FONÉTICA

La consonante Yy

 Lee, escribe y empareja.

cayo

desayuno

Instrucciones Pida a los estudiantes que tracen la letra *y* en cada palabra. Luego, pídales que lean las palabras y las escriban en las líneas. Por último, pida a los estudiantes que dibujen líneas para emparejar cada palabra con su imagen.

CUENTO DE FONÉTICA

DESTREZAS FUNDAMENTALES

Mis pantalones cortos

Resalta las palabras que tienen sílabas que terminan con **r**.

Es un día de verano.

Hace calor para ir al parque.

Imagino que esta tarde,

¡cortaré mis pantalones largos!

AUDIO
Para escuchar y resaltar

ANOTAR

CUENTO DE FONÉTICA

—Quiero cortar mis pantalones.
Le pido a mi mamá que me ayude.

—Con esto cortas la tela —dice—.
Estas tijeras son las mejores.

DESTREZAS FUNDAMENTALES

Subraya las palabras que tienen la consonante y.

Yo corto una yarda por aquí.

Yo corto una yarda por acá.

¡Ya casi casi están listos mis pantalones cortos de verano!

FONÉTICA

La consonante r al final de una sílaba y la consonante Yy

INTERCAMBIAR *ideas* Lee con un compañero.

| mar | leer | arte |

| yema | cayo | yoyó |

| barba | doctor | cortar |

| yunque | payaso | desayuno |

Instrucciones Recuerde a los estudiantes que la *r* tiene el sonido /r/ que escuchamos al final de *mar*, y que la *y* tiene el sonido /y/ que escuchamos al comienzo de *yuca*. Pida a parejas de estudiantes que se turnen para leer las palabras.

La consonante r al final de una sílaba y la consonante Yy

 **Mi TURNO** Encierra en un círculo y subraya.

(Carlos) come su desayuno.

Yo tengo un yoyó verde.

Maya usa pantalones cortos.

En el cayo hace calor.

Instrucciones Recuerde a los estudiantes que la *r* tiene el sonido que escuchamos al final de *mar*, y que la *y* tiene el sonido que escuchamos al comienzo de *yuca*. Pídales que encierren en un círculo las palabras que tienen sílabas con *r* al final y subrayen las palabras que tienen sílabas con la letra *y*.

GÉNERO: POESÍA

Mi meta de aprendizaje ▸ Puedo leer para aprender por qué a las personas les gustan los poemas.

ENFOQUE EN EL GÉNERO

Poesía

Un **poema** habla de algo de una manera nueva.
Los poemas pueden tener palabras que **riman**.
Tienen **ritmo**, o un compás.

Rima — Pin pon es un muñeco
con cara de cartón.
Se lava la carita
con agua y con jabón.

INTERCAMBIAR *ideas* Conversa sobre las diferencias entre este poema y los cuentos folclóricos y los cuentos de hadas que has leído.

Instrucciones Lea la información del género. Luego, lea el texto modelo aplaudiendo para marcar el ritmo. Comente el ritmo y las palabras que riman. Pida a parejas de estudiantes que demuestren su conocimiento de la literatura infantil conversando sobre las diferencias entre los poemas y los cuentos folclóricos y los cuentos de hadas.

TALLER DE LECTURA

Cartel de referencia: Poesía

Poema

Ritmo

Rima
estrella doncella   luna cuna

VOCABULARIO

Colección de poesía

Primer vistazo al vocabulario

| había | debajo | chirimía | chiquitín |

Leer

Mira la imagen. ¿Qué preguntas tienes acerca del texto?

Conoce a la ilustradora

Kristin Sorra nació en Baltimore. Dibuja desde pequeña y ha sido premiada por sus ilustraciones. Su trabajo ha aparecido en revistas, libros infantiles, tiras cómicas y hasta en rompecabezas. Vive con su hija pequeña en un pueblo pintoresco junto al río Hudson, cerca de la ciudad de Nueva York.

Instrucciones Hable con los estudiantes sobre la imagen en la página del título. Pídales que generen, o hagan, preguntas sobre el texto antes de leer para ayudarlos a profundizar la comprensión.

Género Poesía

Colección de poesía

Ilustrada por Kristin Sorra

Debajo de un botón

Había una vez un perro

Cinco pollitos

 AUDIO
Para escuchar y resaltar

 ANOTAR

Debajo de un botón

Rima tradicional

Debajo de un botón, ton, ton
que encontró Martín, tin, tin,

LECTURA ATENTA

¿Qué palabras riman o tienen el mismo sonido al final? <u>Subraya</u> las palabras que riman. Mira las sílabas que se repiten.

había un ratón, ton, ton,
¡ay que chiquitín, tin, tin!

¡Ay que chiquitín, tin, tin,
era aquel ratón, ton, ton,

> **LECTURA ATENTA**
>
> ¿Tienes alguna pregunta sobre el poema? <mark>Resalta</mark> las partes del poema sobre las que tienes preguntas.

que encontró Martín, tin, tin,
debajo de un botón, ton, ton!

Había una vez un perro

Rima tradicional

—Había una vez un perro
que hablaba francés.
¿Quieres que te lo cuente otra vez?

LECTURA ATENTA

¿Tienes alguna pregunta sobre el poema? Resalta las partes del poema sobre las que tienes preguntas.

—Sí…
—Pues había una vez un perro que hablaba francés…

Cinco pollitos

Rima tradicional

Cinco pollitos tiene mi tía.
Uno le canta,
otro le pía,

LECTURA ATENTA

Aplaude para marcar el ritmo del poema mientras lo escuchas. <u>Subraya</u> las sílabas del poema en las que aplaudiste.

y tres le tocan
la chirimía.

VOCABULARIO

Desarrollar el vocabulario

 Escribe.

| había | debajo | chirimía | chiquitín |

El ratón era muy pequeño.

_____

_ _

_____

Los tres pollitos tocaban la flauta.

_____

_ _

_____

Instrucciones Lea las palabras y oraciones con los estudiantes. Pídales que escojan la mejor palabra de vocabulario para reemplazar las palabras subrayadas en cada oración. Pídales que escriban las palabras del vocabulario en las líneas.

COMPRENSIÓN  **TALLER DE LECTURA**

Verificar la comprensión

 Escribe.

1. ¿Cómo sabes que estos cuentos son poemas?

2. ¿Por qué piensas que el autor repite palabras?

3. ¿Dónde encontró Martín al ratón?

Instrucciones Lea las preguntas una por una en voz alta y pida a los estudiantes que escriban las respuestas en las líneas. Comente las respuestas con los estudiantes.

LECTURA ATENTA

Comentar la rima y el ritmo

Los poemas tienen **ritmo**, o un compás.
Muchos poemas tienen palabras que **riman**.

 Lee y aplaude.

Cinco pollitos tiene mi tía.
Uno le canta, otro le pía,

 Encierra en un (círculo).

ratón

Instrucciones Diga a los estudiantes que las palabras que riman tienen los mismos sonidos finales. Pídales que vuelvan al texto y comenten la rima y el ritmo de los poemas. Luego, pídales que lean los versos de "Cinco pollitos" mientras aplauden el ritmo. Por último, lea la palabra de "Debajo de un botón" y pida a los estudiantes que encierren en un círculo la imagen que muestra la palabra con la que rima.

TALLER DE LECTURA

Hacer y responder preguntas

 Dibuja.

Instrucciones Pida a los estudiantes que vuelvan al texto. Pídales que comenten las preguntas que hayan tenido durante la lectura o que generen nuevas preguntas sobre el poema "Había una vez un perro". Luego, pídales que hagan un dibujo para mostrar la respuesta a una de sus preguntas.

RESPONDER AL TEXTO

Reflexionar y comentar

 Dibuja.

Pregunta de la semana

¿Por qué nos gustan los poemas?

Instrucciones Diga: Piensen en las palabras y frases de los poemas que leímos juntos. ¿En qué se parecen estos poemas a un cuento que hayan leído? Pida a los estudiantes que proporcionen una respuesta pictórica a las fuentes dibujando en qué se parece uno de los poemas a un cuento que hayan leído.

VOCABULARIO  PUENTE ENTRE LECTURA Y ESCRITURA

Puedo usar palabras para hacer conexiones.

Mi meta de aprendizaje

Vocabulario académico

| elegir | explicar | personaje | significado |

Mi TURNO Escribe.

Martín es un _____ de un poema.

Puedo _____ un poema para leer.

Instrucciones Lea las oraciones a los estudiantes. Diga: Pueden usar palabras nuevas que hayan aprendido para escribir o hablar sobre ideas o textos. Pida a los estudiantes que usen las claves del contexto para completar cada oración con la palabra apropiada del vocabulario académico. Pídales que escriban las palabras en las líneas.

129

PREORTOGRAFÍA

Clasificar letras

 Escribe.

| n | t | d | r |

 N

 T

 D

 R

TÉCNICA DEL AUTOR  PUENTE ENTRE LECTURA Y ESCRITURA

Leer como un escritor, escribir para un lector

 Escribe.

1. ¿Qué palabra en "Debajo de un botón" te ayuda a visualizar cómo es el ratón?

   _____
   _____

2. Escribe otra palabra que se pueda usar para describir cómo es el ratón.

   _____
   _____

Instrucciones Lea la primera pregunta a los estudiantes. Pídales que vuelvan al texto para buscar palabras para escribir en las líneas. Luego, lea la segunda pregunta y pida a los estudiantes que escriban sus respuestas. Anímelos a mirar los dibujos del texto para obtener ideas. Pida a los estudiantes que comenten sus respuestas.

LENGUAJE Y NORMAS

Los pronombres posesivos

Un **pronombre** toma el lugar de un sustantivo.

Ese perro es de **Ana**.

El perro es **suyo**.

 Encierra en un círculo.

Todo en esta casa es _____.

| tuyo | nuestra |

Este libro es _____.

| me | mío |

Instrucciones Lea en voz alta la información y explique que los pronombres posesivos muestran propiedad, o pertenencia. Luego, lea las oraciones y las opciones de respuesta a los estudiantes. Pídales que completen las oraciones encerrando en un círculo los pronombres posesivos.

FICCIÓN 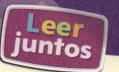 TALLER DE ESCRITURA

Puedo escribir un cuento.

Mi meta de aprendizaje

Organizar ideas

Los autores **organizan** los sucesos del cuento, o los ponen en orden.

 Dibuja.

Principio	Final

Instrucciones Diga: El principio de un cuento es lo que sucede primero. El final de un cuento es lo que sucede al final. Pueden organizar los sucesos en su cuento haciendo un dibujo de los sucesos en orden. Pida a los estudiantes que organicen sus ideas para sus borradores dibujando los sucesos del principio y del final en orden.

FICCIÓN

Escribir un principio

El **principio** de un cuento dice quién está en el cuento. Habla del ambiente y del primer suceso.

 Encierra en un círculo y escribe.

Instrucciones Pida a los estudiantes que encierren en un círculo los detalles en la imagen que muestran los personajes y el ambiente. Diga: Recuerden que el ambiente es cuándo y dónde sucede un cuento. Luego, pida a los estudiantes que dicten o escriban una oración que hable sobre el ambiente en la imagen.

Escribir un final

El **final** de un cuento dice lo que les pasa a los personajes.

 Escribe.

¡Hoy es la gran carrera!

Rob ha estado practicando toda la semana.

La carrera comienza. Rob corre muy rápido.

PRESENTACIÓN DE LA SEMANA: INFOGRAFÍA

¿Qué cuentos te gustan?

¡Los lectores pueden disfrutar de muchos cuentos diferentes!

Personajes

Ficción realista

Cuento de hadas

Ambiente

Ficción realista

Cuento de hadas

Pregunta de la semana

¿Por qué nos gustan ciertos tipos de cuentos?

SEMANA 4

Argumento

Ficción realista

Cuento de hadas

Mi TURNO Encierra en un círculo y escribe.

Instrucciones Lea el texto mientras los estudiantes observan las ilustraciones. Comente en qué se parecen y diferencian los cuentos de ficción realista y los cuentos de hadas. Luego, para que los estudiantes interactúen con la fuente, pídales que encierren en un círculo el tipo de cuento que más les gusta y que dicten o escriban por qué les gusta ese tipo de cuento.

CONCIENCIA FONOLÓGICA | FONÉTICA

Las sílabas con y al final

 Empareja.

Instrucciones Demuestre: Escuchen la palabra *rey*: la palabra *rey* tiene una sola sílaba que comienza con el sonido /rr/ e incluye también el sonido /e/ y el sonido /i/. ¿Qué otras palabras de una sílaba terminan en /ei/ como *rey*? Pida a los estudiantes que separen los sonidos de cada sílaba de las palabras ilustradas. Luego, pídales que dibujen líneas para emparejar las palabras ilustradas que terminan con /ei/ con la imagen que representa *rey*.

La y como vocal

 Escribe y lee.

y   y   y

cane___   cu___   re___

Instrucciones Diga: La consonante *y* tiene el sonido vocal /i/ cuando está al final de una palabra y después de una vocal, como en *ley*. Pida a los estudiantes que tracen la letra *y* debajo de cada imagen y la escriban en las líneas para completar cada palabra. Luego, pídales que lean cada palabra.

FONÉTICA | CONCIENCIA FONOLÓGICA

La y como vocal

 Lee.

Yo soy Ana.

Yo voy al mar.

Yo estoy en el parque.

Instrucciones Recuerde a los estudiantes que la letra *y* tiene el sonido vocal /i/ cuando aparece al final de una palabra. Diga: Escuchen esta oración *Yo soy la maestra*. El sonido /i/ al final de la palabra *soy* se escribe con *y*. Pídales que tracen la letra *y* para completar cada palabra. Luego, pídales que lean las oraciones usando las imágenes como ayuda.

DESTREZAS FUNDAMENTALES

Las sílabas con z

 Encierra en un círculo.

Instrucciones Demuestre: Escuchen la primera sílaba de la palabra *zapato*: *za*. La sílaba *za* está formada por la combinación de los sonidos /s/ y /a/. ¿Qué otras palabras de la primera fila comienzan con una sílaba formada por el sonido /s/ y una vocal? Díganlas y enciérrenlas en un círculo. Luego, pida a los estudiantes que identifiquen y encierren en un círculo las palabras de la segunda fila cuya segunda sílaba tenga el sonido /s/ al comienzo.

FONÉTICA | PALABRAS DE USO FRECUENTE

La consonante Zz

 Encierra en un círculo.

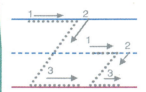

Instrucciones Diga a los estudiantes que la consonante *z* tiene el sonido /s/ que se escucha al comienzo de la primera sílaba de *zorro* o al comienzo de la última sílaba de *calabaza*. Pídales que tracen las letras y nombren las imágenes de cada fila. Luego, pídales que encierren en un círculo aquellas que contengan sílabas con el sonido /s/.

DESTREZAS FUNDAMENTALES

Mis palabras

| hoy | muy | fantasía |

Mis oraciones para leer

 Mi TURNO

Mi gato es muy bonito.

Hoy está en su caja.

Su caja es una casa de fantasía.

Instrucciones Diga: Hay algunas palabras que deben practicar para recordarlas, por ejemplo, *hoy*. Pida a los estudiantes que lean las palabras de uso frecuente y luego las oraciones. Pídales que subrayen las palabras de uso frecuente en las oraciones.

FONÉTICA

La consonante Zz

 Lee y escribe.

pozo

lazo

cereza

erizo

Instrucciones Recuerde a los estudiantes que la consonante *z* tiene el sonido /s/ que se escucha al comienzo de la primera sílaba de *zorro*. Pida a los estudiantes que nombren cada imagen y que tracen la letra *z* para completar cada palabra. Luego, pídales que lean cada palabra y la escriban en las líneas.

CUENTO DE FONÉTICA

DESTREZAS FUNDAMENTALES

Eloy y Roy

Resalta las palabras que terminan con la letra y.

AUDIO
Para escuchar y resaltar

ANOTAR

Hoy el gato Eloy ve una caja muy bonita.
Eloy se mete en la caja.
Eloy le pone la tapa.

CUENTO DE FONÉTICA

El gato Roy ve la caja.

—¿Alguien está en la caja o es una fantasía? —dice Roy.

El gato Roy abre la caja.

DESTREZAS FUNDAMENTALES

Subraya las palabras que tienen las sílabas **za** o **zo**.

¡Zas! Sale el gato Eloy.

—¡Uy! —dice el gato Roy—.

¿Es un zapato o un zorro?

¡Mira Roy! Es tu amigo Eloy.

FONÉTICA

La y como vocal y la consonante Zz

 Lee y escribe.

rey

cereza

ley

perezoso

Instrucciones Recuerde a los estudiantes que la *y* al final de una palabra tiene el sonido que se escucha al final de *rey* y que la *z* tiene el sonido que se escucha al comienzo de *zorro*. Pídales que decodifiquen y lean las palabras con ayuda de las imágenes. Luego, pídales que escriban las palabras en las líneas.

DESTREZAS FUNDAMENTALES

La y como vocal y la consonante Zz

 Lee con un compañero.

Yo estoy con mi mamá.

Mis zapatos son azules.

Yo soy Eloy.

Ese árbol es un cerezo.

Instrucciones Recuerde a los estudiantes que la *y* al final de una palabra tiene el sonido /i/ que se escucha al final de *rey* y que la *z* tiene el sonido /s/ que se escucha al comienzo de *zorro*. Pida a los estudiantes que se turnen para leer las oraciones.

GÉNERO: FICCIÓN

Mi meta de aprendizaje Puedo leer para saber por qué a las personas les gustan los cuentos.

Ficción

A veces, los autores escriben para contar un cuento. Una **ficción** narra un cuento inventado.

Personaje — Había una vez una niña pequeña.

Ambiente — Vivía en un pueblo pequeño.

Argumento — [Un día llegó al pueblo una señora mayor. Le regaló un libro especial a la niña. Se hicieron amigas.]

INTERCAMBIAR *ideas* ¿Por qué crees que el autor escribió este cuento? Coméntalo con un compañero.

Instrucciones Lea la información del género y el texto modelo a los estudiantes. Diga: Los autores tienen un propósito, o una razón, para escribir. Pueden escribir para dar información. Pueden escribir para entretener a los lectores. Invite a los estudiantes a comentar por qué el autor escribió este cuento.

TALLER DE LECTURA

VOCABULARIO

El mejor cuento

Primer vistazo al vocabulario

| imagino | castillo | aventuras | exploradora |

Leer

¿Sobre qué crees que leerás en este cuento?

Conoce a la autora

Debbie O'Brien fue maestra de segundo grado durante muchos años. Ahora escribe libros para niños. Tiene un perro que se llama Otto.

Instrucciones Diga: Pueden usar el título y las ilustraciones para hacer predicciones sobre un cuento. También pueden usar la estructura de repetición del texto para predecir, o decir, lo que creen que pasará mientras leen. Invite a los estudiantes a usar las estructuras y elementos del texto para hacer predicciones.

—Los cuentos de aventuras son los que más me gustan —dijo Carmen.

LECTURA ATENTA

¿De qué crees que tratará este cuento? **Resalta** los detalles que te ayudan a responder a la pregunta.

—Imagino que soy una exploradora valiente —agregó.

—Los cuentos de animales son los que más me gustan —dijo Manuel.

LECTURA ATENTA

Subraya un detalle divertido de estas páginas.

—Imagino que son mis mascotas —agregó.

—Los cuentos de hadas son los que más me gustan —dijo Sara.

LECTURA ATENTA

Subraya un detalle divertido de estas páginas.

—Imagino que vivo en un castillo gigante —agregó.

—Lean este cuento —dijo la señora Flores.

LECTURA ATENTA

Subraya un detalle divertido de estas páginas.

Los niños leyeron.

—¡Este cuento chistoso es el mejor! —dijeron—. ¡Nos hace reír a todos!

VOCABULARIO

Desarrollar el vocabulario

 Escribe.

| imagino | castillo | aventuras | exploradora |

A Kate le gustan los cuentos de _____

porque puede _____ que explora.

Instrucciones Lea las palabras del vocabulario a los estudiantes. Luego, lea la oración. Pida a los estudiantes que respondan usando el vocabulario adquirido y que escriban en las líneas las palabras del vocabulario que completen mejor la oración.

COMPRENSIÓN  **TALLER DE LECTURA**

Verificar la comprensión

 Escribe.

1. ¿Cómo termina el cuento?

2. ¿Por qué incluyó bocadillos de pensamiento la ilustradora?

3. ¿Con qué personaje estás de acuerdo?

Instrucciones Lea las preguntas en voz alta y pida a los estudiantes que escriban sus respuestas. Recuérdeles que usen evidencia del texto.

LECTURA ATENTA

Comentar el propósito del autor

El **propósito del autor** es la razón por la que el autor escribe.

 Encierra en un (círculo) y dibuja.

| para entretener | para informar |

Instrucciones Lea en voz alta la información en la parte superior de la página. Pida a los estudiantes que vuelvan a mirar el texto y comenten cuál fue el propósito de la autora para escribirlo. Anímelos a encerrar en un círculo la frase que indica el propósito de la autora y a dibujar los detalles del cuento que apoyan su respuesta.

TALLER DE LECTURA

Hacer y confirmar predicciones

 Dibuja y encierra en un círculo.

¿Tenías razón?   Sí   No

Instrucciones Recuerde a los estudiantes que vieron el título, las ilustraciones y la estructura de repetición del texto para hacer una predicción sobre el cuento. Pídales que dibujen su predicción. Luego, diga: *Usen lo que saben ahora que leyeron el cuento para decidir si tenían razón, es decir, si su predicción era correcta.* Pida a los estudiantes que encierren en un círculo *Sí* o *No* para confirmar sus predicciones.

RESPONDER AL TEXTO

Reflexionar y comentar

INTERCAMBIAR *ideas* Piensa en los cuentos que hemos leído juntos. ¿Cuáles crees que les gustaría leer a estos personajes? ¿Por qué?

Pregunta de la semana

¿Por qué nos gustan ciertos tipos de cuentos?

Instrucciones Diga: A cada personaje le gusta un tipo de cuento diferente. Para que los estudiantes respondan en forma oral a las fuentes, pídales que hablen sobre cuentos que hayan leído y que quizá también les gustaría leer a los personajes. Anímelos a usar evidencia del texto para apoyar sus opiniones.

VOCABULARIO  **PUENTE ENTRE LECTURA Y ESCRITURA**

Puedo usar palabras para hacer conexiones.

Mi meta de aprendizaje

Vocabulario académico

| elegir | explicar | personaje | significado |

 Empareja.

decidir

indeciso

Instrucciones Explique a los estudiantes que *decidir* tiene un significado similar a *elegir*: Diga: Las partes de las palabras pueden cambiar el significado de una palabra. La parte *in-* significa "no". Pida a los estudiantes que usen lo que saben del significado de la palabra *decidir* y de la parte de las palabras *in-* para trazar una línea que una cada palabra con la imagen correcta.

167

Clasificar letras: Cc, Bb, Ff, Vv

 Empareja.

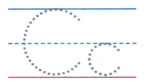   

Instrucciones Pida a los estudiantes que nombren las letras en la parte superior de la página. Pídales que nombren las imágenes e identifiquen la primera letra de cada una. Diga: ¿Cuál de las imágenes representa una palabra que comienza con *f*? *Fuente* es una palabra que comienza con *f*. Luego, pídales que dibujen líneas para emparejar el resto de las letras con sus imágenes.

TÉCNICA DEL AUTOR

PUENTE ENTRE LECTURA Y ESCRITURA

Leer como un escritor, escribir para un lector

 Escribe.

1. Busca una palabra del cuento que indica que el narrador no es un personaje.

   _____

   _____

2. Imagina que eres el autor del cuento. Escribe una oración sobre uno de los personajes.

   _____

   _____

Instrucciones Recuerde a los estudiantes que, a veces, el narrador no es un personaje del cuento. Diga: *El narrador usa los nombres de los personajes y habla de los niños en lugar de usar palabras como yo.* Para que los estudiantes escuchen y experimenten un texto en tercera persona, lea en voz alta una página del cuento. Luego, lea las preguntas una por una en voz alta y pídales que escriban sus respuestas.

LENGUAJE Y NORMAS

Las preposiciones

Una **preposición** es una palabra que muestra una relación.

Los pinceles están **en** el vaso.

Mi TURNO Escribe.

| sobre | bajo | entre |

Los libros están _____ la mesa.

Las hojas están _____ la manzana y los libros.

Instrucciones Lea en voz alta la información en la parte superior de la página. Explique a los estudiantes que algunas preposiciones responden a preguntas que empiezan con ¿Dónde? Diga: ¿Dónde están los lápices? Están en el vaso. Lea en voz alta las palabras del banco de palabras. Luego, lea las oraciones. Para corregirlas, pida a los niños que escriban la preposición correcta en las líneas.

FICCIÓN  TALLER DE ESCRITURA

Puedo escribir un cuento.

Mi meta de aprendizaje

Corregir los pronombres personales

Los **pronombres** reemplazan los sustantivos en una oración.

 Escribe.

Esta es Adela.

Adela tiene dos hermanas.

Adela juega con sus hermanas.

Instrucciones Repase los pronombres personales con los estudiantes. Luego, para que corrijan las oraciones, pídales que escriban un pronombre personal que reemplace los sustantivos subrayados. Anímelos a corregir los pronombres en los cuentos que escribieron.

FICCIÓN

Corregir las oraciones incompletas

Una **oración** es un conjunto de palabras que están separadas por espacios.

Las oraciones tienen una parte que nombra y otra parte que describe una acción.

 Escribe.

_____ pasea en bicicleta.

Instrucciones Diga: La parte que nombra, o el sujeto, de una oración indica de quién o de qué habla la oración. La parte de la acción indica lo que el sujeto es o hace. Lea en voz alta la frase y pregunte si se trata de la parte que nombra o la parte de la acción de una oración. Luego, pídales que corrijan la oración escribiendo la parte que nombra. Anímelos a corregir las oraciones incompletas para mejorar los cuentos que escribieron.

TALLER DE ESCRITURA

Corregir los adjetivos y los artículos

Los **adjetivos** describen algo.

Las palabras **un**, **una**, **el** y **la** son artículos.

Los adjetivos y los artículos pueden ser **femeninos** o **masculinos**.

 Escribe.

la pelota anaranjada

osito

Instrucciones Pida a los estudiantes que miren las ilustraciones. Diga: Para agregar detalles, pueden escribir palabras que den más información sobre cada objeto. Invítelos a trazar el artículo y el adjetivo en la primera línea. Luego, para corregir la segunda línea, pídales que escriban un artículo y un adjetivo. Recuérdeles que el sustantivo *osito* es una palabra masculina, de modo que el artículo y el adjetivo también deben ser palabras masculinas. Anímelos a corregir los adjetivos y artículos en los cuentos que escribieron.

PRESENTACIÓN DE LA SEMANA: INFOGRAFÍA

¿Qué es un mito?

Un mito es un cuento inventado hace mucho tiempo, que cuenta algo sobre la naturaleza.

1 Un mito suele comenzar con las palabras **Hace mucho tiempo.**

Hace mucho tiempo, el oso tenía una cola larga. Un día, quiso atrapar algunos peces.

Pregunta de la semana

¿Qué nos enseñan los mitos sobre la naturaleza?

Su cola quedó atrapada en el hielo.

Ahora, los osos tienen una cola corta.

2 Un mito suele contar por qué pasa algo en la naturaleza.

 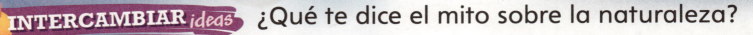 ¿Qué te dice el mito sobre la naturaleza?

Instrucciones Lea el texto a los estudiantes y pídales que miren los dibujos. Pida a los estudiantes que comenten las características de un mito. Luego, pídales que hablen sobre lo que este mito nos cuenta acerca de la naturaleza.

CONCIENCIA FONOLÓGICA | FONÉTICA

Las sílabas con z al final

 Encierra en un círculo.

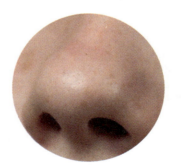

Instrucciones Diga: Escuchen la palabra *luz*. La palabra *luz* es una palabra de una sola sílaba en la que se combinan los sonidos /l/, /u/ y /s/. ¿Qué sonido escuchamos al final de la única sílaba de la palabra *luz*? Pídales que nombren las imágenes, que separen y combinen los sonidos de cada una de sus sílabas y que encierren en un círculo las palabras que terminan con el sonido /s/.

DESTREZAS FUNDAMENTALES

La consonante z al final de una palabra

Mi TURNO Encierra en un (círculo).

maíz

nuez

hoz

pez

Instrucciones Recuerde a los estudiantes que la *z* tiene el sonido /s/ cuando aparece al final de una palabra. Luego, pídales que tracen la *z* en cada palabra y encierren en un círculo la imagen de cada par cuyo nombre terminan con *z*.

177

FONÉTICA | CONCIENCIA FONOLÓGICA

La consonante z al final

 Lee, escribe y empareja.

pez

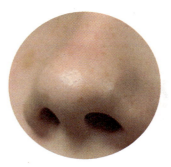

luz

nariz

Instrucciones Pida a los estudiantes que tracen la letra *z* para completar cada palabra. Luego, pídales que escriban cada palabra en las líneas y dibujen una línea para emparejarla con su imagen en la columna derecha.

Las sílabas con x

 **VER y DECIR** Encierra en un (círculo).

Instrucciones Diga: Escuchen el sonido al principio de la segunda sílaba de *taxi*: *ta-xi*. La sílaba *xi* tiene el sonido /ks/ al principio. Ese mismo sonido se escucha al final de la primera sílaba de *textos*: *tex-tos*. Ahora, pida a los estudiantes que nombren las imágenes, separen las palabras en sílabas e identifiquen las sílabas que tienen el sonido /ks/. Por último, pídales que encierren en un círculo las palabras ilustradas que contienen el sonido que se escucha al comienzo de la segunda sílaba de *taxi*.

FONÉTICA | PALABRAS DE USO FRECUENTE

La consonante Xx con el sonido ks

 Lee y empareja.

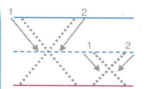

 saxofón

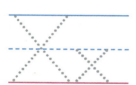

textos

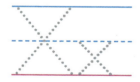

taxi

Instrucciones Diga a los estudiantes que la letra *x* a veces tiene el sonido /ks/. Luego, pídales que tracen las letras *Xx*. Diga: Todas las imágenes de la segunda columna tienen una sílaba con *x*. Nombren las imágenes y lean las palabras de la columna de la derecha. Por último, dibujen líneas para emparejar cada palabra con su imagen.

180

DESTREZAS FUNDAMENTALES

Mis palabras

| vez | hay | doy |

Mis oraciones para leer

Alexa va al mar otra vez.

En el mar hay peces.

Les doy comida a los peces.

Instrucciones Diga: Hay palabras que tenemos que recordar y practicar. Escuchen mientras leo estas palabras: *vez, hay, doy*. Pida a los estudiantes que lean las palabras de uso frecuente. Luego, pídales que lean las oraciones con usted y subrayen las palabras de uso frecuente.

La consonante Xx con el sonido ks

 Lee, escribe y dibuja.

saxofón   texto   taxi

CUENTO DE FONÉTICA

DESTREZAS FUNDAMENTALES

Alexa ve un pez

Resalta las palabras que tienen la consonante **x**.

Alexa está en su casa.

Alexa toma un taxi.

Alexa va al mar. Yo voy al mar.

CUENTO DE FONÉTICA

Alexa está en el mar.
Hay un pez en el mar.

Alexa ve al pez una vez.
¡Alexa está feliz!

DESTREZAS FUNDAMENTALES

Subraya las palabras que terminan con **z**.

Veo el pez. Le doy comida.
El pez está feliz. El pez se va.
Alexa se va. Yo me voy.

FONÉTICA

La consonante z al final y la consonante Xx con el sonido ks

INTERCAMBIAR *ideas*   Lee con un compañero.

pez	luz	nariz
taxi	Áxel	píxel
lápiz	tapiz	feliz
texto	oxígeno	óxido

Instrucciones Recuerde a los estudiantes que la *z* al final de una palabra tiene el sonido /s/ y que la *x* a veces tiene el sonido /ks/. Luego, pida a parejas de estudiantes que se turnen para leer las palabras.

La consonante z al final y la consonante Xx con el sonido ks

 Lee y dibuja.

Alex toca el saxo.

El texto es de Liz.

El señor López toma un taxi.

¡Mira el pez en el mar!

Instrucciones Recuerde a los estudiantes que la *z* al final de una palabra tiene el sonido /s/ y que la *x* tiene el sonido /ks/. Pídales que se turnen para leer cada oración. Luego, pídales que hagan un dibujo de la oración que prefieran.

GÉNERO: MITO

 Mi meta de aprendizaje — Puedo leer cuentos tradicionales.

ENFOQUE EN EL GÉNERO

Mito

Un **mito** es un tipo de cuento tradicional. Tiene un argumento que cuenta algo sobre la naturaleza.

Título → **Cómo le salieron rayas a la ardilla**

Argumento → Hace mucho, las ardillas no tenían rayas. Un día, la ardilla engañó al oso. El oso se enojó. Intentó atraparla. La ardilla se escapó. Pero la pata del oso dejó rayas en el lomo de la ardilla.

INTERCAMBIAR *ideas* ¿Qué nos cuenta este mito sobre la naturaleza? Coméntalo con un compañero.

Instrucciones Lea la información del género y el texto modelo a los estudiantes. Diga: El argumento de un cuento incluye los sucesos principales, o lo que pasa al principio, en el medio y al final. Pida a los estudiantes que hablen sobre los sucesos principales del cuento y lo que dicen sobre la naturaleza. Anímelos a describir la relación entre las ilustraciones y el texto.

TALLER DE LECTURA

Cartel de referencia: Mito

Medio

Argumento

Principio

Final

VOCABULARIO

Mosni puede ayudar

Primer vistazo al vocabulario

pulpo

medusa

criaturas

Leer
Lee el texto y mira las imágenes para aprender qué nos cuenta el mito sobre la naturaleza.

Conoce a la autora

Ruth Chan es escritora e ilustradora. Vive en Nueva York con su perro Feta y su gato Georgie. Le encantan los animales marinos, la lectura y los helados.

escrito por Ruth Chan
ilustrado por Jamie Tablason

Género Mito

Mosni puede ayudar

Este cuento viene de México.

Los personajes principales son Hant Caai y Mosni.

Hant Caai quiere hacer una playa.
Necesita arena.

LECTURA ATENTA

¿Por qué necesita ayuda Hant Caai? Resalta las palabras que dicen por qué necesita ayuda.

—¿Puedes ayudar? —pregunta Hant Caai.
—No —dice la ballena.

—¿Puedes ayudar? —pregunta Hant Caai.
—No —dice el pulpo.

—¿Puedes ayudar? —pregunta Hant Caai.
—No —dice la medusa.

—Yo puedo ayudar —dice Mosni.
Las criaturas marinas se ríen.
—¡Tú no puedes ayudar!

LECTURA ATENTA

¿Qué hace Mosni en estas páginas? Subraya las palabras que dicen lo que hace.

Mosni se siente valiente.
—Yo puedo ayudar —dice.

Mosni se siente orgullosa.
—Yo puedo ayudar —dice.

LECTURA ATENTA

¿Qué hace Hant Caai al final del cuento? Subraya la oración que te lo cuenta.

Hant Caai hace una playa.
—¡Yo ayudé! —dice Mosni.

VOCABULARIO

Desarrollar el vocabulario

 Empareja.

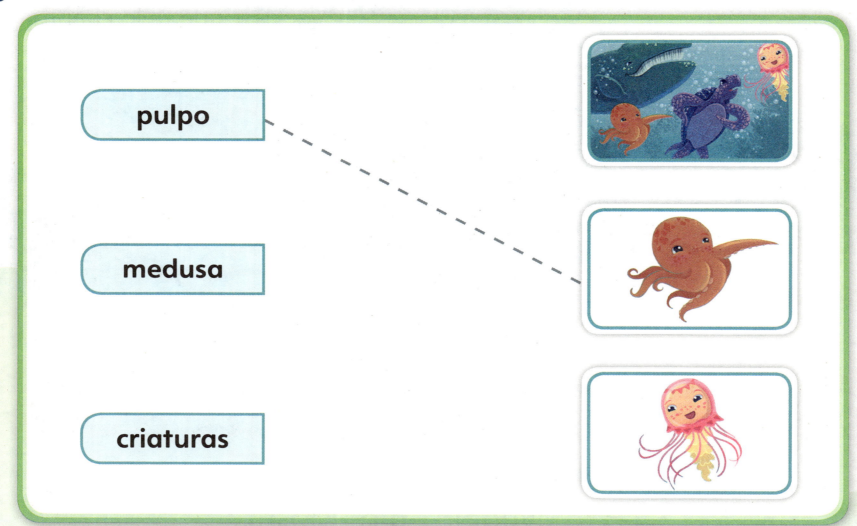

Instrucciones Lea las palabras de vocabulario a los estudiantes. Pídales que dibujen una línea desde cada palabra hasta la imagen que muestra el significado de la palabra.

COMPRENSIÓN  TALLER DE LECTURA

Verificar la comprensión

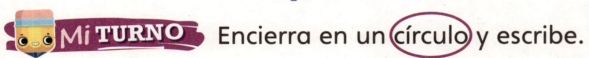 Encierra en un círculo y escribe.

1. ¿Qué palabra describe a las criaturas marinas?

   | egoístas | solidarias |

2. ¿Qué explica la autora sobre la naturaleza?
   _____
   _____

3. ¿Por qué las criaturas marinas se ríen de Mosni?
   _____
   _____

Instrucciones Lea en voz alta la pregunta 1 y las opciones de respuesta a los estudiantes. Pídales que encierren la respuesta en un círculo. Luego, lea en voz alta las preguntas 2 y 3 y pida a los estudiantes que escriban sus respuestas en las líneas.

LECTURA ATENTA

Describir el argumento

 Dibuja.

Principio	Medio	Final

Instrucciones Recuerde a los estudiantes que el argumento de un cuento incluye los sucesos principales. Diga: *Los sucesos principales son lo que pasa al principio, en el medio y al final del cuento.* Pida a los estudiantes que vuelvan a mirar el texto. Pídales que dibujen los sucesos principales en los recuadros para describir el desarrollo del argumento.

Hacer conexiones

 Dibuja.

Mosni puede ayudar	Cómo consiguió Anansi sus cuentos

Instrucciones Explique que, a veces, algunos cuentos tienen ideas similares. Diga: Para hacer conexiones, cuenten en qué se parecen las ideas de los dos cuentos. Pida a los estudiantes que piensen en los sucesos de *Cómo consiguió Anansi sus cuentos*. Luego, pídales que vuelvan a mirar el texto. Pida a los estudiantes que dibujen sucesos que se parezcan de los dos cuentos.

RESPONDER AL TEXTO

Reflexionar y comentar

 Dibuja.

Pregunta de la semana

¿Qué nos enseñan los mitos sobre la naturaleza?

Instrucciones Diga a los estudiantes que han leído sobre el personaje de Mosni. Pídales que piensen en otro personaje parecido a Mosni sobre el que hayan leído. Pídales que hagan un dibujo de Mosni y de ese personaje para responder a las fuentes.

VOCABULARIO

PUENTE ENTRE LECTURA Y ESCRITURA

Puedo usar palabras para hablar sobre cuentos.

Mi meta de aprendizaje

Vocabulario académico

| elegir | explicar | personaje | significado |

 Dibuja.

INTERCAMBIAR *ideas* Vuelve a contar el cuento a un compañero. Usa las palabras nuevas que aprendiste.

Instrucciones Pida a los estudiantes que piensen en los cuentos que leyeron en esta unidad. Pídales que hagan un dibujo de uno de los cuentos. Luego, pida a los estudiantes que vuelvan a contarle el cuento a un compañero. Anímelos a usar el vocabulario académico.

PREORTOGRAFÍA

Clasificar letras: Ch ch, Ññ, Qu qu, Jj

 Empareja.

  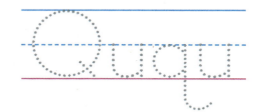 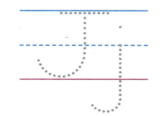

Instrucciones Pida a los estudiantes que nombren las letras de la parte superior de la página. Pídales que nombren las imágenes e identifiquen la primera letra de cada una. Diga: ¿Cuál de las imágenes representa una palabra que comienza con *Ch*? *Chocolate* es una palabra que comienza con *ch*. Luego, pídales que dibujen líneas para emparejar el resto de las letras con sus imágenes.

TÉCNICA DEL AUTOR  PUENTE ENTRE LECTURA Y ESCRITURA

Leer como un escritor, escribir para un lector

 Escribe.

1. ¿Qué oración repite la autora?

   _____
   _____

2. Piensa en un nuevo personaje que podrías agregar. Escribe la respuesta de ese personaje a la pregunta de Hant Caai.

   _____
   _____

Instrucciones Comente con los estudiantes cómo los autores usan la estructura del texto para contribuir con su propósito. Diga: *A veces, los autores repiten palabras y oraciones de un cuento.* Lea en voz alta la primera pregunta y pida a los estudiantes que vuelvan a mirar el texto para encontrar la respuesta. Pídales que comenten por qué la autora repite la oración. Luego, lea la segunda actividad y pida a los estudiantes que escriban su respuesta.

LENGUAJE Y NORMAS

Las preposiciones

Una **preposición** es una palabra que muestra una relación.

Mat salió **por** la puerta.

INTERCAMBIAR ideas ¿Por dónde salió Mat? Habla sobre la respuesta con un compañero.

Mi TURNO Encierra en un círculo.

Por la mañana, camino _____ la escuela.

| a | de |

Tenemos un regalo _____ nuestra maestra.

| por | para |

Instrucciones Lea la información y la oración de ejemplo a los estudiantes. Pida a las parejas que comenten cómo la preposición los ayuda a responder a la pregunta ¿Por dónde salió Mat? Luego, lea las oraciones y las opciones de respuesta a los estudiantes. Pídales que encierren en un círculo la preposición correcta para completar cada oración.

FICCIÓN  TALLER DE ESCRITURA

Puedo escribir un cuento.

 Mi meta de aprendizaje

Corregir los signos de puntuación

Los autores revisan su escritura.
Se aseguran de que cada oración termine con un signo de puntuación.

 Encierra en un (círculo) y escribe.

Raquel fue al parque.

Se tiró por el tobogán

Construyó un castillo con Leo

Instrucciones Explique que las oraciones que cuentan algo, u oraciones enunciativas, siempre terminan con punto. Pida a los estudiantes que encierren en un círculo las oraciones que necesitan un punto al final para corregirlas. Pídales que escriban un punto en las líneas que están junto a cada oración que encerraron en un círculo. Luego, pida a los estudiantes que corrijan el uso de puntos al final de las oraciones enunciativas en sus cuentos.

209

FICCIÓN

Corregir el uso de las mayúsculas

Los nombres empiezan con mayúscula.

Mi TURNO Subraya y escribe.

Mi mejor amiga es marta. _____

Su perro rex es divertido. _____

Jugamos con su hermano mateo. _____

Instrucciones Diga: Pueden revisar su escritura para asegurarse de que los nombres empiezan con mayúscula. Pida a los estudiantes que subrayen los nombres que deben escribirse con mayúscula. Luego, pídales que escriban los nombres en las líneas, con mayúscula inicial. Indique a los estudiantes que corrijan el uso de mayúsculas en sus cuentos.

Publicar y celebrar

¡Es el momento de presentar tu escritura! Aquí hay algunos consejos que debes recordar.

1. Preséntate y saluda a los demás.
2. Habla alto y claro.
3. Escucha activamente.
4. ¡Diviértete!

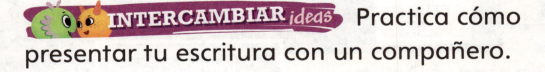 Practica cómo presentar tu escritura con un compañero.

Instrucciones Lea cada punto de la lista en voz alta y, si es necesario, comente con los estudiantes. Demuestre cómo presentarse usando saludos comunes y hablando alto y claro. Diga: ¡Buenos días! Me llamo [su nombre]. Luego, pida a las parejas de estudiantes que practiquen cómo presentarse, saludarse y presentar su escritura.

COMPARAR TEXTOS

TEMA DE LA UNIDAD
Cuéntame un cuento

 **INTERCAMBIAR** *ideas*

Regresa a cada texto y di un detalle sobre un lugar especial. Usa las preguntas de la semana como ayuda.

SEMANA 3

Colección de poesía

¿Por qué nos gustan los poemas?

El hombrecito de jengibre
El cuento del hombrecito de maíz

¿En qué se parecen y en qué se diferencian dos versiones del mismo cuento?

SEMANA 2

SEMANA 1

Cómo consiguió Anansi sus cuentos

¿Qué podemos aprender de los cuentos?

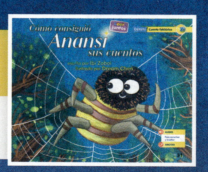

El mejor cuento

¿Por qué nos gustan ciertos tipos de cuentos?

SEMANA 4

SEMANA 5

Mosni puede ayudar

¿Qué nos enseñan los mitos sobre la naturaleza?

Pregunta esencial

¿Por qué nos gustan los cuentos?

Proyecto

SEMANA 6

Ahora es el momento de aplicar lo que has aprendido acerca de los cuentos en tu proyecto de la SEMANA 6: **Mi cuento preferido.**

213

FONÉTICA | PALABRAS DE USO FRECUENTE

La consonante Xx con sonido j

 Escribe.

Xavier   Ximena   Oaxaca   México

Instrucciones Diga: En algunas palabras, la letra *x* tiene el sonido /j/ que se escucha al comienzo de la segunda sílaba de *México*. Pida a los estudiantes que nombren cada imagen y que tracen la letra *x* en cada palabra. Luego, pídales que escriban una de las palabras en las líneas.

DESTREZAS FUNDAMENTALES

Mis palabras

| compra | acción | alimentación |

Mis oraciones para leer

1. Ximena compra en el mercado.

2. A Wendy le gusta la acción que ve en el mercado.

3. En el mercado se consigue la mejor alimentación.

Instrucciones Pida a los estudiantes que lean las palabras de uso frecuente. Pídales que subrayen las palabras de uso frecuente en las oraciones.

FONÉTICA

La consonante Ww

 Escribe.

Wendy   kiwi   sándwich   web

_____

Instrucciones Diga: La letra *w* tiene el sonido /u/ que escuchan en la primera sílaba de *Wendy*. Pida a los estudiantes que nombren cada imagen y que tracen la letra *w* en cada palabra. Luego, pídales que escriban una de las palabras en las líneas.

CUENTO DE FONÉTICA

DESTREZAS FUNDAMENTALES

Xavi, Ximena y Wendy

Resalta las palabras en las que la consonante **x** tiene el sonido **j**.

Xavi vive en Texas. Ximena es su amiga.
Ximena vive en México.
Xavi va a México.
Va a un bazar de alimentación.

AUDIO
Para escuchar y resaltar

ANOTAR

CUENTO DE FONÉTICA

Xavier compra un taco.
Le da un poco a Ximena.
Ximena está con una amiga.
Se llama Wendy.

DESTREZAS FUNDAMENTALES

Subraya las palabras que tienen la letra **w**.

Xavi, Ximena y Wendy van al cine.
Ven una película de acción.
¡Es en Hawái! ¡Qué bien!
Se acaba. Van por más tacos.

INDAGAR

Mi cuento preferido

 COLABORAR

Habla con un compañero sobre las imágenes. Encierra en un círculo las razones por las que quieres leer este cuento.

Instrucciones Pida a los estudiantes que miren las ilustraciones y hablen sobre el cuento que muestran. Pídales que trabajen juntos para comentar y encerrar en un círculo las razones por las que quieren leer el cuento.

PROYECTO DE INDAGACIÓN

Usar palabras

 Mi cuento preferido es

_____

- -

_____

COLABORAR Túrnate con un compañero para hablar sobre sus cuentos favoritos. Usa palabras nuevas del vocabulario académico. Habla sobre tu plan de investigación. ¿Cómo puedes obtener información sobre tu cuento?

Instrucciones Pida a los estudiantes que piensen en su cuento preferido y dicten o escriban el título del cuento en las líneas. Pídales que comenten con un compañero su cuento favorito usando palabras del vocabulario académico. Luego, pida a los estudiantes que desarrollen un plan de investigación para su proyecto. Diga: Cuando hagan un plan para un proyecto, piensen en los pasos que seguirán para llevarlo a cabo.

EXPLORAR LA INVESTIGACIÓN

¿Por qué debería...?

Los autores escriben **textos persuasivos** para convencer, o persuadir, a los lectores de pensar o hacer algo.

¡Todos deberían leer *Mosni puede ayudar*!
Los personajes son divertidos.

 Dibuja.

Instrucciones Lea la información y las oraciones de ejemplo a los estudiantes. Pídales que indiquen de qué quiere persuadir el autor a los lectores: qué quiere que piensen o hagan. Luego, pida a los estudiantes que comenten la razón que da el autor. Diga: Los autores usan razones para decirles a los lectores por qué deberían pensar o hacer algo. Pida a los estudiantes que comenten otras razones por las que las personas deberían leer el cuento y que dibujen una razón.

HACER UNA INVESTIGACIÓN   Leer juntos   PROYECTO DE INDAGACIÓN

Buscar tu cuento

INVESTIGACIÓN

Las computadoras de una biblioteca pueden ayudarte a buscar tu cuento.

barra de direcciones

enlace

recuadro de búsqueda

 Encierra en un círculo la parte de la página web que te puede ayudar a encontrar tu cuento. Comenta tu búsqueda con un compañero.

Instrucciones Lea el texto y pida a los estudiantes que miren la imagen. Explique que un sitio web es un texto multimodal porque se presenta la información de muchas maneras, inclusive como palabras e imágenes. Señale y comente los diversos elementos de la página web. Diga: Pueden teclear el nombre del cuento que eligieron en el recuadro de búsqueda como ayuda para encontrarlo. Pida a los estudiantes que busquen y encierren en un círculo el recuadro de búsqueda que aparece en la imagen.

AFINAR LA INVESTIGACIÓN

Tomar notas

¿Por qué las personas deberían leer el cuento?

Mosni enseña cómo ser valiente.

COLABORAR Escribe o dibuja por qué las personas deberían leer tu cuento. Comenta tus razones con un compañero.

Instrucciones Lea en voz alta el ejemplo de investigación y comente por qué el tema de la valentía es una razón por la cual las personas deberían leer el cuento. Luego, pida a los estudiantes que reúnan información de las fuentes y tomen notas sobre las razones por las cuales las personas deberían leer su cuento. Anímelos a pensar en los temas importantes, así como en la información del contexto sobre el autor o el cuento.

COLABORAR Y COMENTAR

Leer juntos

PROYECTO DE INDAGACIÓN

Revisar y corregir

Puedes hacer dibujos para añadir más detalles.

COLABORAR Dibuja la parte favorita de tu cuento. Coméntala con un compañero.

Instrucciones Lea la información y explique a los estudiantes que los dibujos y otros elementos visuales pueden proporcionar detalles adicionales y hacer su escritura más precisa. Pida a los estudiantes que piensen en la parte favorita del cuento y que hagan un dibujo para ilustrarla.

CELEBRAR Y REFLEXIONAR

Presentar

Recuerda los buenos modales para hablar y escuchar.

Reflexionar

 Encierra en un círculo.

¿Di razones?

¿Aprendí sobre otros cuentos?

Instrucciones Pida a los estudiantes que cuiden sus modales al hablar y escuchar. Pídales que usen un modo apropiado de exposición para presentar sus proyectos. Diga: Hay diversas maneras de presentar una investigación. Pueden hablar sobre su proyecto, presentar un texto y mostrar imágenes. Pida a los estudiantes que reflexionen sobre sus proyectos cuando terminen.

REFLEXIONAR SOBRE LA UNIDAD  TALLER DE ESCRITURA

Reflexionar sobre tus lecturas

 Escribe.

Quiero volver a leer
_____.

Reflexionar sobre tu escritura

 Escribe.

Podría añadir detalles
para
_____.

Instrucciones Pida a los estudiantes que reflexionen sobre sus lecturas y escritura realizadas en esta unidad.

INSTRUCCIÓN PARA EL GLOSARIO ILUSTRADO

Cómo usar un glosario ilustrado

Esta es una imagen de la palabra.

Esta es la palabra que estás aprendiendo.

correr

 Dibuja.

Instrucciones Recuerde a los estudiantes que un glosario ilustrado sirve para buscar palabras. Diga: El tema de este glosario ilustrado es **acciones**. Escuchen mientras leo las palabras. Las imágenes servirán de ayuda para comprender los significados de las palabras. Pida a los estudiantes que identifiquen la palabra *llevar* y que la usen en una oración. Luego, pídales que hagan un dibujo que muestre el significado de la palabra.

GLOSARIO ILUSTRADO

Acciones

halar

esconderse

llevar

trepar

comer

INSTRUCCIÓN PARA EL GLOSARIO

Cómo usar un glosario

La palabra aparece en una letra más oscura.

Dd   **debajo** Algo que está **debajo**, está en la parte inferior.

Todas las palabras que comienzan con la letra D estarán después de Dd.

Esta oración te ayudará a comprender el significado de la palabra.

 Dibuja.

Instrucciones Diga a los estudiantes que un glosario sirve para buscar el significado de las palabras que no conocen. Las palabras en un glosario están en orden alfabético. Pida a los estudiantes que busquen la palabra *castillo* y que hagan un dibujo para mostrar el significado de la palabra.

Aa

atrapar Cuando **atrapas** algo, agarras un objeto que se mueve.

aventura Una **aventura** es una experiencia poco común o emocionante.

Cc

castillo Un **castillo** es un edificio enorme de piedra con paredes grandes y torres.

chiquitín Algo o alguien **chiquitín** tiene un tamaño muy pequeño.

chirimía Una **chirimía** es un instrumento musical de viento hecho de madera que se parece a una flauta.

GLOSARIO

criatura Una **criatura** es una persona o un animal.

Dd

debajo Algo que está **debajo**, está en la parte inferior.

Ee

elegir Cuando **eliges**, escoges algo o a alguien.

engullir **Engullir** es comer algo rápidamente.

explicar Cuando **explicas**, dices algo para que las personas lo entiendan.

explorador Un **explorador** es alguien que viaja para descubrir cosas nuevas.

Hh   **haber** **Haber** es un verbo que, en lugar de indicar una acción, indica que algo existe o está presente.

hornear **Hornear** es cocinar algo en el horno.

Ii   **imaginar** Cuando **imaginas** algo, lo visualizas en tu mente.

Ll   **león** Un **león** es un felino grande que a veces tiene una melena.

leopardo Un **leopardo** es un felino grande que tiene manchas negras.

GLOSARIO

Mm

medusa Una **medusa** es un animal marino que tiene tentáculos y un cuerpo blando en forma de paraguas.

Pp

personaje Un **personaje** es una persona o un animal en un cuento.

pulpo Un **pulpo** es un animal marino que tiene un cuerpo blando y ocho brazos.

Rr

rey Un **rey** es un hombre que gobierna a un país y a sus habitantes.

Ss

saltar Cuando **saltas**, te levantas del suelo hacia arriba usando tus piernas.

significado El **significado** es lo que quiere decir una palabra, una frase o una oración.

RECONOCIMIENTOS

Fotografías

Photo locators denoted as follows Top (T), Center (C), Bottom (B), Left (L), Right (R), Background (Bkgd)

4 Thanatphoto/Shutterstock; 8 (Bkgrd) Thanatphoto/Shutterstock, (BL) Aga Es/Shutterstock; 10 (BL) yungram yongyut/Shutterstock, (BR) NextMars/Shutterstock; 12 Kian Khoon Tan/123RF; 13 Antonina Vlasova/Shutterstock; 16 (BCL) Targn Pleiades/Shutterstock, (BCR) Zhu Difeng/Shutterstock, (BL) Dionisvera/Shutterstock, (BR) Christian Delbert/Shutterstock, (TCL) Imagine Photographer/Shutterstock, (TCR) Scanrail/123RF, (TL) Kaweestudio/Shutterstock; 17 (CL) Artphotoclub/Shutterstock, (BC) Demidoff/Shutterstock, (BL) Nerthuz/Shutterstock, (BR) Martina Roth/Shutterstock, (C) Li Chaoshu/Shutterstock, (CR) Agorohov/Shutterstock, (TC) Alex Staroseltsev/Shutterstock, (TR) Hayati Kayhan/Shutterstock; 18 (BL) Peter Zijlstra/Shutterstock, (BC) Matin/Shutterstock, (BR) Bluehand/Shutterstock, (C) Horsemen/Shutterstock, (CL) Alex Staroseltsev/Shutterstock, (CR) 123RF, (TC) Aksenova Natalya/Shutterstock, (TL) EHStockphoto/Shutterstock, (TR) Bokeh Blur Background Subject/Shutterstock; 19 (BCL) Martin Sookias/Pearson Education Ltd, (BCR) Matin/Shutterstock, (BL) Ruslan Semichev/Shutterstock, (BR) Covenant/Shutterstock, (TCL) Dionisvera/123RF, (TCR) Ines Behrens-Kunkel/Shutterstock, (TL) Sarawut Aiemsinsuk/Shutterstock, (TR) In Green/Shutterstock; 20 (BC) EHStockphoto/Shutterstock, (BL) Rawpixel/Shutterstock, (BR) Panda3800/123RF, (C) Africa Studio/Shutterstock, (CL) Olesya k/Shutterstock, (CR) Sashkin/Shutterstock, (TC) JirkaBursik/Shutterstock, (TL) 123RF, (TR) Aopsan/123RF; 27 (BCR) Olga_i/Shutterstock, (BR) Ljupco Smokovski/Shutterstock, (TCR) Takayuki/Shutterstock, (TR) Mimagephotography/Shutterstock; 30 Pearson Education; 50 Andrey Arkusha/Shutterstock; 56 (BCL) Ivonne Wierink/Shutterstock, (BCR) Olga Miltsova/Shutterstock, (BL) Eric Isselee/Shutterstock, (BR) Andrey Kuzmin/Shutterstock, (TL) Italianestro/Shutterstock, (TR) Eric Isselee/Shutterstock; 57 (BL) Paul Reeves Photography/Shutterstock, (BR) Africa Studio/Shutterstock, (CL) Jiri Hera/Shutterstock, (CR) Antpkr/Shutterstock, (TL) Italianestro/Shutterstock, (TR) Sergio Foto/Shutterstock; 58 (BL) Yuratosno3/Shutterstock, (BR) Olga Miltsova/Shutterstock, (TL) Eric Isselee/Shutterstock, (TR) Eric Isselee/Shutterstock; 59 (BC) Elena Zajchikova/Shutterstock, (BCL) Martan/Shutterstock, (BCR) Dny3d/Shutterstock, (BL) Kyselova Inna/Shutterstock, (BR) PhIllStudio/Shutterstock, (TC) Iakov Kalinin/Shutterstock, (TCL) Santi S/Shutterstock, (TCR) Verena Matthew/Shutterstock, (TL) Tracy Starr/Shutterstock, (TR) Simone Voigt/Shutterstock; 60 (BC) Dimaberkut/123RF, (BL) Goodluz/Shutterstock, (BR) PhotoJS/Shutterstock, (CL) Ross Gordon Henry/Shutterstock, (CR) Slavoljub Pantelic/Shutterstock, (TC) Alex Staroseltsev/Shutterstock, (TL) Maks Narodenko/Shutterstock, (TR) SpeedKingz/Shutterstock; 62 (B) Bhathaway/Shutterstock, (C) Mirek Kijewski/Shutterstock, (T) Sergio Kotrikadze/Shutterstock; 67 (BCR) Scharfsinn/Shutterstock, (BR) ADS Portrait/Shutterstock, (TCR) Hogan Imaging/Shutterstock, (TR) 123rf; 70 Pearson Education, Inc.; 77 Pearson Education; 94 Wong sze yuen/123RF; 95 (C) Piotr Krzeslak/Shutterstock, (L) 123RF, (R) Lisa A. Svara/Shutterstock; 100 (BC) BMJ/Shutterstock, (BCL) Fotosaga/Shutterstock, (BCR) Horsemen/Shutterstock, (BR) Nenetus/Shutterstock, (CL) TuiPhotoEngineer/Shutterstock, (T) Serg64/Shutterstock, (TC) Vaclav Volrab/Shutterstock, (TCL) Jacek Chabraszewski/Shutterstock, (TCR) Wavebreakmedia/Shutterstock; 101 (BC) Fotomaster/Fotolia, (BL) Alex Kolokythas Photography/Shutterstock, (BR) Lotus_studio/Shutterstock, (TC) Everett - Art/Shutterstock, (TL) Wong sze yuen/Shutterstock, (TR) Bogdan Ionescu/Shutterstock; 102 (B) LifetimeStock/Shutterstock, (C) LifetimeStock/Shutterstock, (T) Le Do/Shutterstock; 103 (BCL) Warren Metcalf/Shutterstock, (BCR) 123RF, (BL) Iakov Kalinin/Shutterstock, (BR) Mlorenz/Shutterstock, (TCL) Sommai/Shutterstock, (TCR) Alex Staroseltsev/Shutterstock, (TL) Paul Vinten/Shutterstock, (TR) Coprid/Shutterstock; 104 (BCL) Joppo/Shutterstock, (BCR) Coprid/Shutterstock, (BL) Joe Gough/Shutterstock, (BR) Le Do/Shutterstock, (TCL) Philipimage/Shutterstock, (TCR) Koya979/Shutterstock, (TL) Mau Horng/Shutterstock, (TR) Paul Vinten/Shutterstock; 106 (L) Yulia Davidovich/Shutterstock, (R) Bertl123/Shutterstock; 111 (BCR) Nikolas_jkd/Shutterstock, (BR) Bertl123/Shutterstock, (TCR) Guillermo Garcia/Shutterstock, (TR) Yulia Davidovich/Shutterstock; 130 (BL) Pressmaster/Shutterstock, (BR) Coprid/Shutterstock, (TL) 123RF, (TR) Gerald Bernard/Shutterstock; 132 Sergey Novikov/Shutterstock; 134 Sergey Novikov/Shutterstock; 138 (BL) Africa Studio/Shutterstock, (BR) Africa Studio/Shutterstock, (C) Anyka/123RF, (TL) Prapass/Shutterstock, (TR) Deep OV/Shutterstock; 139 (C) Vovan/Shutterstock, (L) Ildi Papp/Shutterstock, (R) Anyka/123RF; 140 (B) Monkey Business Images/Shutterstock, (C) Max Topchii/Shutterstock, (T) Slavapolo/Shutterstock; 141 (BCL) Antpkr/Shutterstock, (BCR) Everything/Shutterstock, (BL) ProStockStudio/Shutterstock, (BR) Deep OV/Shutterstock, (TCL) Prapass/Shutterstock, (TCR) Eric Isselee/Shutterstock, (TL) Aaron Amat/Shutterstock, (TR) Ines Behrens-Kunkel/Shutterstock; 142 (BC) Ermess/Shutterstock, (BL) 7505811966/Shutterstock, (BR) Robyn Mackenzie/Shutterstock, (C) Alex Staroseltsev/Shutterstock, (CL) Maks Narodenko/Shutterstock, (CR) Jag cz/Shutterstock, (TC) Violetkaipa/123RF, (TL) Eric Isselee/Shutterstock, (TR) Jacek Fulawka/Shutterstock; 144 (BCL) Nattika/Shutterstock, (BL) Mr. Suttipon Yakham/Shutterstock, (TCL) ProStockStudio/Shutterstock, (TL) Fotoslaz/Shutterstock; 148 (BCL) Africa Studio/Shutterstock, (BL) Damsea/Shutterstock, (TCL) Nattika/Shutterstock, (TL) Anyka/123RF; 149 (BCR) Kamira/Shutterstock, (BR) Sanit Fuangnakhon/Shutterstock, (TCR)

Shkurd/Shutterstock, (TR) Pxelheadphoto digitalskillet/Shutterstock; **152** Pearson Education; **167** (B) Serhiy Kobyakov/Shutterstock, (T) Olgysha/Shutterstock; **168** (BCL) Eric Isselee/Shutterstock, (BCR) Eric Isselee/Shutterstock, (BL) WDG Photo/Shutterstock, (BR) Dny3d/Shutterstock; **170** Kucher Serhii/Shutterstock; **172** VisanuPhotoshop/Shutterstock; **173** (B) Valentina Razumova/Shutterstock, (T) Andress/Shutterstock; **176** (BCL) Nick Biebach/123RF, (BCR) Gleb Semenjuk/Shutterstock, (BL) Bluehand/Shutterstock, (BR) Triff/Shutterstock, (TCL) Alina Cardiae Photography/Shutterstock, (TCR) StudioVin/Shutterstock, (TL) Cosma/Shutterstock; **177** (BCL) Petr Salinger/Shutterstock, (BCR) Vaclav Volrab/Shutterstock, (BL) Bluehand/Shutterstock, (BR) Dny3d/Shutterstock, (TCL) Fotoluminate LLC/Shutterstock, (TCR) Imstock/Shutterstock, (TL) Danny Smythe/Shutterstock, (TR) Feng Yu/Shutterstock; **178** (BR) Cosma/Shutterstock, (C) Bluehand/Shutterstock, (TR) Gleb Semenjuk/Shutterstock; **179** (BC) Dencg/Shutterstock, (BL) An Nguyen/Shutterstock, (BR) Marco Govel/Shutterstock, (TC) Alex Staroseltsev/Shutterstock, (TL) Joe Ravi/Shutterstock, (TR) Mindscape studio/Shutterstock; **180** (B) An Nguyen/Shutterstock, (C) Mindscape studio/Shutterstock, (T) Joe Ravi/Shutterstock; **190** Pearson Education; **206** (BCL) Ines Behrens-Kunkel/Shutterstock, (BCR) Pavels/Shutterstock, (BL) Jim Bowie/Shutterstock, (BR) Kamenetskiy Konstantin/Shutterstock; **208** Hannamariah/Shutterstock; **214** (TCL) Pearson Education, Inc., (TCR) Trappy76/Shutterstock, (TL) Digital Media Pro/Shutterstock, (TR) Movit/Shutterstock; **216** (TCL) Sarawut Aiemsinsuk/Shutterstock, (TCR) Sergey Peterman/Shutterstock, (TL) Pearson Education, Inc., (TR) Tyler Olson/Shutterstock; **231** (B) Lebrecht Music and Arts Photo Library/Alamy Stock Photo, (C) Cge2010/Shutterstock; **233** (T) Eric Isselee/Shutterstock, (B) Apoplexia/123RF; **234** (T) D. Gridnev/Shutterstock, (B) WaterFrame/Alamy Stock Photo; **235** Anyka/123RF.

Ilustraciones

12, 17 Laura Zarrin; **14–15** Michael Slack; **21, 22–25** John Hovell; **29, 69, 96–97, 189** Tim Johnson; **31–41, 42, 44** Dream Chen; **54–55** Rob McClurkan; **61, 63–65** Mona Daly; **71–76, 89–90** Victoria Assanelli; **78–86, 89–90** Bernadette Pons; **98–99** Rob McClurkan; **105, 107–109** Mo Ulicny; **29, 69 113, 189** Ken Bowser; **115–123, 126** Kristin Sorra; **136–137** André Jolicoeur; **141** Erin Taylor; **143, 145–147** Chantal Kees; **151** Chris Vallo; **153–162, 166** Tracy Bishop; **174–175** Amit Tayal; **181, 183–185** Eric Barclay; **191–200, 222, 224** Jamie Tablason; **215, 217–219** Margeaux Lucas; **220–221** Denis Alenti; **223** Rob Schuster; **228–229** Jenny B. Harris.

NOTAS

NOTAS